SITUATION DES FINANCES
AU VRAI.

DE L'IMPRIMERIE DE HOCQUET,

FAUBOURG MONTMARTRE, N°. 4.

SITUATION DES FINANCES
AU VRAI,

MISE A LA PORTÉE DES CONTRIBUABLES,

POUR PROUVER QU'UNE

RÉDUCTION DE CINQUANTE MILLIONS

SUR LA CONTRIBUTION FONCIÈRE, DONT

CINQ MILLIONS A LA VILLE DE PARIS,

DOIT ÊTRE ACCORDÉE DÈS 1819;

Suivie de 42 DOUTES ET QUESTIONS sur les Comptes et les Budgets.

Par M. BRICOGNE,

Membre du Conseil municipal de la ville de Paris, Maître des Requêtes, etc.

. . . . . Congestis undiquè saccis
Indormis inhians . . . . .
Nescis quò valeat nummus quem prœbeat usum?
Panis ematur. . . . . .
       HORAT. Sat. 1. lib. 1.

Le trésor regorge d'argent. . . . il ne sait qu'en faire. . . . Ignorez-vous ce que l'argent coûte aux contribuables, et combien il leur est nécessaire?

SECONDE ÉDITION,

AUGMENTÉE DE 6 DOUTES,

d'un Résumé de 100 millions de réductions, ET D'UN AVANT-PROPOS.

———

PARIS,

Chez PÉLICIER, Libraire, au Palais-Royal, cour des Offices.

———

MAI 1819.

RÉSUMÉ GÉNÉRAL

DES

MOYENS DE RÉDUCTION D'IMPÔT

QUE RENFERME LE BUDGET DE 1819.

———

Ce n'est pas légèrement que j'ai avancé qu'il était facile de réduire, dès 1819, la Contribution foncière de 50 millions, et de supprimer les Retenues; ce n'est pas légèrement que je me suis hasardé à discuter les Budgets et les comptes.

Je sais que l'on ne critique pas impunément l'œuvre d'un Ministre. Je sais que celui qui n'a d'autre auxiliaire que sa plume, d'autre but que le soulagement des contribuables, d'autre motif que l'amour du bien public, ni d'autres armes que la vérité des calculs et la force des raisonnemens, ne tarde pas à succomber dans cette lutte inégale.

Je le sais : sa perte est assurée, lors même que son travail est accueilli avec quelque faveur par l'opinion publique; car c'est un tort de plus: lors surtout qu'il a raison, et que quelques-unes de ses propositions sont adoptées; car ce dernier tort est de tous le plus grave, le plus irrémissible.

La connaissance de l'*Excédant* des Revenus du Budget de 1819, de la *surabondance* des ressources disponibles, et de l'*excès* des fonds en caisse; la vue des souffrances des contribuables, l'urgente nécessité de leur accorder des soulagemens, et principalement aux Propriétaires parisiens, mes compatriotes; une intime conviction, quelque dévouement et quelque zèle pour le bien être de mes concitoyens, peut-être quelque courage, toutes ces causes réunies ont été nécessaires pour me déterminer à déchirer le voile dont la Situation des finances était enveloppée.

Aucun des nombreux auxiliaires du Ministère des finances, aucun de ses écrivains au mois, à l'année ou à la tâche n'a encore entrepris de réfuter mes calculs; mais on a accusé mes intentions. Parmi les bruits que l'on sème, j'en ai distingué un qui mérite une réfutation spéciale.

On s'est évertué pour persuader que j'avais voulu faire de l'effet, que j'avais exagéré..

Un court Résumé va démontrer combien au contraire j'ai été modéré et prudent, combien je suis resté au dessous de ce qu'il eut été possible d'exiger d'un Ministre économe et habile.

RÉSUMÉ *DES SOMMES LIBRES*

Sur le Budget de 1819, pour être employées en réduction d'impôts.

	Probables, et possibles.	Certaines, au moins.
1°. Economies sur les Budgets par la Commission des dépenses.....	20,000,000,	10,000,0000
2°. Réduction sur les frais de négociations (V. 3e. Doute)....	10,000,000,	8,000,000
3°. Atténuation des évaluations (8e. et 9e. Doutes.)............	26,000,000,	26,000,000
4°. Amélioration des produits en 1819 (V. 10e. Doute.)......	24,000,000,	15,000,000
5°. Prix des coupes de bois, payables en 1819 (V. 42e. Doute.)..	20,000,000,	15,000,000
TOTAUX.	100,000,000,	74,000,00

J'aurais exagéré de bien peu, en prétendant que les moyens de réduction s'élevaient à 100 millions.

Je n'aurais été qu'exact en soutenant qu'ils s'élèvent à.......... 74 millions.

Mais je suis resté au-dessous de toutes les probabilités, en ne proposant qu'une réduction de 50 millions sur la contribution foncière, et la suppression des retenues: surtout après avoir démontré qu'il existe dans les caisses 187 millions de Valeurs disponibles (chapitre I.), et que les Recettes pendant l'année 1819 dépasseront les Dépenses de 100 millions (chapitre IV).

Ce n'est pas en arithmétique, ni en finance que l'on peut dire : *qui prouve trop ne prouve rien ;* car en prouvant un excédant de ressources de 100 millions, on prouve *deux fois* la facilité, la nécessité d'une réduction de contribution de 50 millions.

D'autres reproches me sont adressés, ou sont préparés; mais comme ils sont en grande partie personnels, je les traite à part dans l'*Avant-propos* qui va suivre.

Dans un Gouvernement représentatif le premier besoin des hommes publics est l'estime de leurs concitoyens. Dès que l'on veut perdre un homme, ou détruire l'autorité de ses paroles, on s'attache à inculper sa conduite, à calomnier ses intentions, à rendre suspects ses principes. La seule défense est une confession entière, une profession de foi faite avec franchise. Je me félicite de la nécessité où l'on me place d'expliquer ma conduite et d'exposer mes principes.

J'avertis ceux qui n'aiment pas les récits anecdotiques de ne pas lire cet Avant-propos.

AVANT-PROPOS

DE LA SECONDE ÉDITION.

Dès que cet Écrit a paru, on a annoncé que sous peu de jours une réponse victorieuse serait publiée. Je voulais l'attendre, pour donner une seconde édition, à laquelle j'aurais joint ma réplique : mais le grand nombre d'exemplaires que j'ai fait tirer s'écoule si rapidement, que je ne puis tarder plus long-tems.

Cette seconde édition sera réellement sans changement. J'en profite seulement pour corriger les fautes typographiques échappées dans la rapidité du premier travail ; pour supprimer ou ajouter quelques mots ou quelques phrases, afin de mieux rendre ma pensée ; mais je ne change ni un seul calcul, ni un seul chiffre, ni une seule conclusion.

Je me garderai bien d'attribuer le retard de la réponse à la difficulté de la faire. Qui n'a entendu proclamer que rien n'est si facile, et que la réfutation sera péremptoire. Ayons de la patience ; on s'occupe à démontrer que l'avenir ne peut nous apporter qu'accroissement de dépenses, diminution de ressources et augmentation de la contribution foncière. Les mauvaises nouvelles arrivent toujours assez tôt. Ne soyons pas exigeant ; il faut courir au plus pressé, et répondre avant tout au rapport de la Commission; je lui cède le pas. Je serai trop heureux si je ne suis pas foudroyé du même coup qui renversera le Rapporteur; si , sous prétexte de cette lutte principale, on dédaigne de me faire répondre ; si on oublie de m'écraser. Peut-être aussi les Réfutations directes et indirectes, les Réponses officielles, semi-officielles et officieuses , s'amassent-elles dans l'arsenal du Budget , et dans le trésor des vengeances et des fureurs du Fisc pour éclater au grand jour du combat, surprendre et renverser les ennemis , et dissiper des sémestriers pressés d'aller reprendre leurs quartiers d'hiver au mois de juin. Cette ruse est de bien bonne guerre ! Déjà l'on s'est très-bien trouvé de n'avoir ouvert la campagne , et commencé les manœuvres financières que le 18 mars , quoique les équipages fussent prêts et les troupes préparées depuis le mois de décembre.

Un Atelier de Réfutation a, dit-on, été établi: il n'en est encore sorti que des articles de journaux ; mais ils m'adressent les deux plus graves inculpations que l'on puisse , par le tems qui court, faire à un citoyen et à un homme de finance.

J'ai porté une troisième atteinte à la loi des élections ;

J'ai varié dans mes principes financiers.

Je ne dois pas tarder à repousser ces deux reproches. On m'objecte :

« Une telle Réduction sur la Contribution foncière ne cacherait-elle pas *une arrière pensée..?* ne servirait-elle pas *un intérêt de parti....?* Ce dégrèvement, sous l'apparence d'un soulagement, ravit tout-à-coup les droits politiques à

» plus de vingt mille Electeurs..... est-ce à ce
» prix que les Français veulent être soulagés?.....
» Ils verraient là *une troisième attaque* à la loi des
» élections ; .... ils ne se laisseraient pas prendre à
» cette nouvelle *amorce*. »

J'ai cru que le rédacteur, emporté par son zèle *politico-financier*, allait conclure qu'il fallait doubler la Contribution foncière, pour multiplier les Electeurs ; conséquence naturelle de ses raisonnemens : mais il reste en chemin, et se borne à déclarer « qu'il faut desirer dans *l'intérêt de la* » *Charte* et de la loi des élections que la Contri-» bution foncière ne soit pas réduite. » Cette conclusion sent fort la *Fiscalité*, et décèle la Fabrique. C'est le cachet de l'atelier de Réfutation.

Si les Chefs, Ouvriers et Apprentifs Réfutateurs, et même les Emérites, ne font pas de meilleure besogne, ils gagnent bien mal leur argent, et courent risque de compromettre le Crédit et la réputation de la Maison.

Présenter la loi des Elections comme un *obstacle à la réduction* de l'Impôt foncier, c'est en faire le *Fléau* des *petits* Propriétaires, qui sont innombrables ; c'est travailler à rendre les Electeurs odieux à leurs Compatriotes. Quel est donc le perfide ennemi de la loi des élections qui ose raisonner ou plutôt déraisonner ainsi ? Est-ce le *Conservateur* ou la *Quotidienne?* Non, c'est un correspondant du *Journal Général* (27 avril) ; mais il est en erreur, ou il veut y induire. La loi des élections ne s'oppose pas à la Réduction de la Contribution foncière : car une réduction de contribution n'appauvrit personne. Celui qui se trouve dégrevé, conserve et voit augmenter sa fortune, et ses moyens d'être Electeur; il peut aussitôt s'arranger pour payer la somme de contribution nécessaire. Nul n'est donc privé de ses droits électoraux par une réduction d'impôt, mais seulement par sa propre volonté.

Voilà le principe général : mais il y a plus ; dans la mesure que je propose, la réduction devant avoir lieu *par dégrèvement* sur la réclamation des parties, ceux qui voudront conserver leurs droits électoraux n'auront qu'à ne pas réclamer de dégrèvement.

Ce n'est donc pas ma proposition, mais c'est le *Correspondant du Journal Général* qui attaque très-réellement la loi des élections qui s'efforce de la rendre impopulaire en la dénaturant, en la travertissant en une avanie financière, en l'appelant au secours du Fisc pour l'aider à ressaisir sa proie.

Ne déplaçons pas les questions : la réduction de la Contribution foncière est toute financière. Ce n'est pas une *amorce* trompeuse, mais un soulagement réel : elle ne renferme qu'une *arrière pensée*, accroître la prospérité de la France, la reconnoissance et l'amour des Français pour leur Roi : elle sert les intérêts d'un innombrable *parti*, celui des Propriétaires, des Cultivateurs et des Commerçans ; car les propriétaires, plus riches, consommeront davantage : elle n'a qu'un but politique, honorer, populariser, affermir le Gouvernement, le Ministère et le Ministre des finances, qui, le premier, s'emparera de cette idée toute nationale, et au lieu de la repousser, de la combattre par des calculs et des raisonnemens faux et impolitiques, saura la proposer, l'appuyer ou au moins y consentir de bonne grace, et mettre ses soins à en assurer l'exécution. Pour du talent, il en faut bien peu pour faire, en 1819, une réduction de 50 millions sur la Contribution foncière (1).

---

(1) Je dois consigner ici mes remerciemens à MM. les Rédacteurs du *Journal Général*, pour l'empressement avec lequel ils ont inséré une lettre que je leur ai adressée, en réponse à l'article de leur feuille du 27 avril. Je reproduis les principaux passages de ma lettre, pour completter la réfutation des objections sorties jusqu'à présent de *l'atelier de réfutation* contre la réduction de l'impôt foncier.

« Il s'agirait de savoir si l'immense majorité des *trois millions*
» de contribuables, dont les uns conserveraient leurs droits même après
» la réduction, dont les autres n'ont aucun droit, même avant la
» réduction, doivent renoncer à tout espoir de soulagement, dans la
» crainte qu'une diminution d'impôt n'ôte la qualité d'électeur à un
» très-petit nombre d'entre eux.

» Cette question n'en est pas une. En finances, en justice, en po-
» litique, chacun doit payer pour soi; mais nul ne peut exiger que
» son voisin paie pour lui conserver des droits. D'ailleurs, cette
» question est décidée par le cadastre; car tous les jours le cadastre,
» en changeant la répartition de la contribution foncière, déplace les
» droits électoraux; ses adversaires ne s'étaient pas encore imaginé de
» lui en faire un reproche.

» Mais la réduction que je propose n'aurait pas même cet incon-
» vénient, puisque l'on opérerait par dégrèvement...

» La question financière de la réduction de la contribution fon-
» cière est donc entièrement étrangère à la question politique des
» élections. Cette proposition ne renferme aucune attaque, ni di-
» recte, ni indirecte à la loi des élections, et ce reproche a très-
» peu de bonne foi et beaucoup de maladresse. Je dis de maladresse;
» car aller chercher des moyens de réfutation aussi mal choisis, aussi
» faux, hors de la question, c'est s'avouer battu sur son propre
» terrain.

» Je ne me suis pas occupé de la discussion des dépenses; j'en
» ai dit les motifs : je ne les répéterai pas : cela était superflu

Que signifient ces insinuations perfides, ces tentatives de faire une querelle de parti d'une

---

» dans mon plan. Car si j'ai démontré que la réduction d'impôts
» est possible sans diminution des dépenses , *a fortiori*, la réduc-
» duction sera plus facile et pourra être plus forte si les dépenses
» sont diminuées : j'ai donc en cela négligé un de mes avantages ,
» et le reproche est étrange.

» Un écrit de quelques pages ne pouvant renfermer un traité
» complet d'économie politique et de finances , j'ai dû supposer
» que tout esprit juste était convaincu que le premier allégement
» était dû aux propriétaires surtaxés ; votre correspondant prétend
» qu'il serait préférable de réduire le droit *de mutation*. Il est facile
» de démontrer son erreur.

» Le *droit de mutation* est excessif, j'en conviens ; mais il est
» proportionnel et également réparti ; il n'atteint chacun que rarement
» et de loin à loin ; et il n'enlève qu'une portion de capital égale à la
» somme payée au fisc.

» La contribution foncière est un impôt inégalement réparti , qui
» revient chaque année, se paie par douzième ; à tems et à contre-
» tems , et qui détruit vingt fois le montant de la somme payée
» annuellement. L'impôt foncier étant même une des bases de
» perception du droit de mutation , le propriétaire surtaxé est de
» surcroît ruiné par le droit de mutation : enfin le dégrèvement se-
» rait destiné à décharger ceux qui *paient plus* que les autres ,
» ceux qui *paient trop* ; ce serait à la fois un acte de justice , une
« bonne opération financière ; et une sage application des principes
» d'économie politique.

» Je termine par faire remarquer un oubli de votre correspondant ;
» il ne parle que des deux moyens subsidiaires sur lesquels j'ai fon-
» dé la possibilité d'une réduction , *l'énormité des fonds en caisses*
» et la rapidité des recettes. Il omet de rappeler et de réfuter le moyen
» principal , la certitude d'une *recette de 50 millions* en *excédant*
» des évaluations du Budget de 1819.

» Je ne pousserai pas plus loin cette discussion ; elle doit suffire
» pour démontrer que votre correspondant est en erreur sur les
» questions financières et économiques , comme sur la question
« politique. »

question financière, et de transformer le budget en un brandon de discorde? Vérifions les Comptes, discutons les Budgets, sans nous laisser distraire par de vaines clameurs. S'ils sont exacts, si un allégement de contribution en résulte, les intentions sont bonnes, et l'effet sera excellent.

Ce n'est pas en présence du Budget que la Chambre doit se diviser. Ceux qui voteraient contre les contribuables, compromettraient leur popularité et jusqu'à leurs principes; le piége est trop grossier. Tous ceux qui veulent sincèrement le bonheur public commenceront par voter le soulagement des peuples.

Déjà dans plusieurs journaux, et jusque dans les journaux étrangers (1), on m'a injurié et menacé; l'ordre a été donné aux Réfutateurs de s'attacher à me placer en contradiction avec moi-même, de me présenter comme l'instrument d'un parti, et de calomnier les motifs qui m'ont mis la plume à la main à diverses époques.

On me demande en 1819, comme on me l'a vingt fois demandé depuis 1816, pourquoi, après avoir été partisan du *fameux systême des obli-*

---

(1) Extrait du *Times* du 29 avril, et du *Constitutionnel* du 4 mai.

« M. Bricogne, Maître des Réquêtes, attaché à la section des fi-
» nances du Conseil d'Etat, vient de publier une brochure très-violente
» contre le Budget; et très-peu convenable à un employé, qui profite
» des *secrets* que sa place le met à même de connaître, pour *dénon-*
» *cer* ses Chefs. Cette manière de se donner de l'importance est si
» aisée, qu'elle ne manquera pas de trouver des imitateurs, si un
» *exemple sévère* ne décourage pas l'envie d'imiter. »

Les Correspondans du *Times* devraient savoir que dans un gouvernement constitutionnel, il ne doit y avoir *aucun secret* dans les Budgets, et que dissimuler, c'est prévariquer. Je n'ai pu *révéler gations* en 1814, je le combattis en 1816 ? Pourquoi, après avoir coopéré aux Plans et au Budget de 1814, je critique les Plans et le Budget du même Ministre en 1819 ?

Je pourrais me borner à répondre que lorsque les Obligations furent imaginées et proposées, je pus être séduit; que je partageai l'erreur du Conseil et l'erreur des Chambres qui les adoptèrent : que lorsque ces Obligations étaient *à naître*, je ne pouvais prévoir ni quels seraient les effets de leur émission, ni comment et les émissions et les rachats seraient conduits : mais que l'*exécution* m'eut promptement ouvert les yeux ; que les premiers essais me désabusèrent, me convainquirent des imperfections de ce système, des vices de ce plan, des inconvéniens, des dangers de l'exécution. Je demanderais si l'on est obligé de tout prévoir, et s'il est défendu de s'éclairer par l'expérience? Je pourrais m'honorer de mon empressement à reconnaître mon erreur. Cette réponse serait péremptoire, mais elle ne serait vrai qu'en partie.

Je puis dire, je puis prouver que le Budget de 1814, *ses évaluations* et le *système des obligations* furent adoptés contre mon avis, malgré mes efforts pour les faire changer, modifier ou supprimer.

Mais alors ne me demandera-t-on pas pourquoi je les ai défendus ? J'étais Premier Commis des

---

aucun secret; car on ne confie *aucun secret* aux Maîtres des Requêtes. Toutes les sommes que j'ai citées sont *imprimées*. Je n'ai fait que placer en comparaison les Comptes et les Budgets publiés, et en tirer les conséquences. Je n'ai *dénoncé* que la Situation prospère des finances, et la nécessité d'une réduction d'impôts. Cela crie vengeance !

finances, pourrait être ma seule réponse : car on sait que le sort, que le devoir d'un Chef de bureau est d'oublier son propre avis pour obéir, de renoncer à ses plans , à ses opinions pour se soumettre et exécuter.

J'avais présenté d'autres projets, d'autres évaluations, je les avais long-tems défendus ; quand ils eurent été repoussés je les cachai dans un carton ; je les oubliai pour une année , et les réservai pour d'autres tems.

A cette époque, en 1814, tous les plans auraient réussi , tous les moyens étaient bons , excepté la banqueroute et le charlatanisme. Je me soumis au Budget ministériel par devoir et non par conviction. Les circonstances politiques , et ma position particulière m'en imposaient la nécessité.

Mais je ne dois pas me borner à cette explication incomplette. J'ai un moyen facile et sûr de tout expliquer ; c'est de tout faire connaître. Pour défier et repousser la calomnie , il me suffira de rappeler ma conduite et ses motifs en 1814 , comme en 1819.

Malgré la défaveur qui s'attache aux détails individuels , on me permettra de repousser des insinuations perfides , des imputations calomnieuses chaque jour répétées dans les Conseils et dans les Chambres , propagées dans les Sallons , insérées dans les Journaux , et que la Presse a ordre de répandre avec profusion. Je ne dirai rien que de vrai ; rien que je ne puisse prouver. Je ne trahirai aucun secret ; tout ce que je vais raconter est notoire dans l'administration des finances. Je ne parlerai que des faits , qui, par leur liaison avec les Budgets , ont acquis de l'intérêt et de l'importance. Je m'abstiendrai de toute plainte, de toute réflexion. Les faits parleront ; les témoins peuvent se taire.

En mars 1814, j'avais suivi l'Armée française, se retirant devant les armées étrangères; j'avais accompagné les fourgons du Trésor ; j'obéissais à mon devoir; le nom des Bourbons n'avait pas encore été prononcé.

J'appris à Blois le vœu de la France pour ses Princes légitimes, et leur prochain retour: j'y applaudis. Deux jours après je mêlai les accens de ma joie, et les sermens de mon dévouement à ceux de la garde nationale et des habitans de la ville de Tours.

Nous étions à Blois, plusieurs Chefs du Trésor; les journaux nous avaient appris que l'un d'entre nous, resté à Paris, avait réuni les trois Ministères des finances, du Trésor et du Commerce. La renommée publiait son zèle, son royalisme, alors exclusif et intraitable. Cette ferveur de néophyte paraissait peu rassurante à des gens qui étaient encore à Blois le 8 avril 1814; et il faut en convenir, nous en fûmes alarmés. Ce n'était pas sans raison ; car nous apprîmes presque aussitôt que nos places avaient été supprimées ou données à d'autres, et que nous étions dans une espèce de prévention et d'interdit politique.

Mes camarades se hâtèrent de retourner à Paris; pour moi, qui, au tort involontaire de ma position politique, réunissais bien d'autres torts; de fréquens débats, une longue rivalité d'affaires et de travaux, un dévouement constant au Ministre disgracié ; je ne me sentis aucun empressement à venir solliciter auprès du successeur des faveurs, ni même une justice peu probables, et dont je pouvais me passer.

Je ne voulais cependant pas paraître me placer en opposition avec le Gouvernement de mon pays, avec mon Roi légitime. J'écrivis au Ministre pour protester de ma soumission, offrir mes services, et je pris mon chemin par le plus long ; j'allai parcourir la Tourraine et la Normandie. Cependant les lettres de mes parens et de mes amis effrayés, m'apprirent que la colère du Ministre était grande contre moi. J'étais criminel pour être parti ; je ne l'étais pas moins pour ne pas être revenu. J'étais accusé d'avoir emporté les secrets, les comptes du Trésor. C'était ma faute si on ne s'y reconnaissait pas. L'orage était violent, je le voyais gronder de loin ; mais il fut court. J'appris à Rouen qu'il s'était calmé tout-à-coup.

Je revins et je fus assez bien accueilli. Mes services furent agréés : mais le Bureau dans lequel j'avais travaillé pendant 16 ans, dans lequel j'avais été Surnuméraire, et dont j'étais le Chef depuis huit ans, avait péri dans l'orage, et ses débris étaient dispersés.

Un vieillard, le Doyen des Chefs de division du Ministère des finances fut réformé, et je fus mis à sa place : je ne pouvais refuser.

Appelé à coopérer au travail du Budget, je préparai des évaluations de recettes et de dépenses faites *en conscience*, appuyées sur l'expérience du passé et sur les espérances de l'avenir, je présentai un plan peu différent de celui que j'ai im-

primé en 1816 (*Examen impartial du Budget*) :
un système de crédit fondé sur une Caisse d'amortissement puissante et indépendante, sur le paiement intégral de l'arriéré, soit en rentes avec
une indemnité, soit en numéraire en négociant
les rentes : mais le Ministre ne voulait pas de
Caisse d'amortissement indépendante.

Après plus de 15 jours d'observations et de résistance ; après avoir refait trois ou quatre fois
les projets ; après avoir patiemment supporté
force complimens sur la lenteur de mon intelligence, et la faiblesse de mes vues, je cédai ;
j'obéis.

Je pourrais invoquer les cartons des finances
et les miens ; je m'en rapporte aux souvenirs du
Ministre et de ceux auxquels il a tant de fois
raconté combien *il avait eu de peine à faire entrer ses plans dans ma tête.* Je les compris très-
bien dès le premier jour ; mais pour éviter les
emportemens, je ne présentais les objections que
sous la forme de doutes, qu'en ayant l'air de
chercher à m'éclairer.

Quoiqu'il en soit, un Budget fut présenté aux
Chambres, et aussitôt attaqué de toutes parts. Je
l'avais prévu : mais le Ministre comptait sur des
défenseurs. Aucun ne se présentait. Il semblait
que l'on voulut nous laisser dans l'idée consolante
pour notre modestie, que nos plans étaient trop
sublimes pour être compris, trop savans pour être
à la portée même d'un siècle éclairé, surtout en
fait de Bourse.

Les adversaires se méprirent ; au lieu d'admettre le principe du Budget, qui était bon,

et la fidélité envers les créanciers de l'ancien Gouvernement , ce qui était un acte de justice et de
crédit public , ils attaquèrent le crédit même ; ils
proposèrent la consolidation forcée , et préco-
nisèrent la banqueroute. S'ils n'eussent attaqué
que les évaluations et les moyens d'exécution, le
poste n'était pas tenable.

Le combat était engagé , la bataille se don-
nait sur un terrein que je n'avais pas choisi ,
d'après un plan auquel je m'étais opposé ; mais
j'étais Colonel , je combattis sous les ordres du
Général. Je fis plus , je me jettai au fort de la
mêlée ; je donnai et je reçus des coups. Je profitai
des fautes de l'ennemi (*Opinion d'un créancier
de l'Etat,* 1814). Peut-on m'en faire un reproche,
et dois-je le recevoir des aides-de-camp et auxiliaires actuels ? Qu'ils fassent en 1819 comme je
fis en 1814. Dans leurs écrits je verrai bien moins
leur opinion , que leur soumission et leur résigna-
tion aux volontés et aux opinions d'un maître. Je
les plaindrai plus que je ne les blâmerai. Je dirai qu'ils remplissent leur devoir de Premiers Commis, de Chefs de Bureaux , d'Inspecteurs des finances et de salariés de tout grade et de toute espèce.

Des motifs plus élevés m'animaient en 1814.

Il s'agissait du *premier* Budget présenté par le
Roi, et librement discuté et voté. Le rejet affai-
blissait et déconsidérait le Gouvernement royal ,
ou plus probablement mettait en péril le *Systême
représentatif.* Qui sait, si le Budget eût été rejeté ,
à quelles extrémités des Ministres mécontens
se seraient alors portés envers la Chambre.

Les Ministres de cette année là, étaient peu en-

durans. On lit dans les journaux des 4 et 5 sep-
tembre 1814, que lorsque la Chambre eut, à
l'unanimité, réduit de 10 centimes très-super-
flus, les 60 centimes proposés par le Budget, le
Ministre des finances quitta brusquement son
banc, et sortit de la salle furieux et menaçant.

Travailler, en 1814, à faciliter l'adoption du
Budget, tout défectueux qu'il fût, c'était, à mes
yeux, travailler à l'affermissement et à l'alliance
du Trône et du système représentatif; c'était sau-
ver la Chambre des fureurs d'un Ministère qui
peu fait, alors, aux contrariétés des discussions
libres et des votes indépendans, menaçait de tout
briser à la moindre résistance. Ces hautes considérations couvraient pour moi toutes les imperfections du Budget; elles déterminèrent ma conduite; elles excitèrent mon zèle pour la défense
du Budget de 1814. Les auxiliaires du Budget de
1819 ne peuvent être mus par les mêmes motifs.

Dès que cette cause de salut public n'exista plus,
quelle fut ma conduite à l'égard des Budgets?

Lorsqu'en 1815, on voulut proposer la con-
tinuation des Obligations, plus intempestives encore qu'en 1814, et y ajouter *six* nouveaux Impôts, je m'y opposai; je donnai ma démission;
je quittai l'administration, et j'attaquai le Budget corps à corps. J'imprimai les plans qui
avaient été dédaignés en 1814 (*Examen impartial du Budget* 1816).

Les Obligations furent supprimées, les nouveaux impôts rejetés; une Caisse d'amortissement
fut fondée, et l'on entra, mais avec hésitation,
dans la voie des Emprunts. Bien des fautes y
furent commises; mais leurs conséquences fâcheuses

sans doute, étaient bien moins désastreuses que
ne l'eussent été, et de nouveaux impôts, et
les embarras des finances, et le discrédit au milieu de l'occupation étrangère.

Je me tus. Je pris même la défense du Budget
de 1818, lorsqu'il fut accusé d'erreurs qu'il ne
renfermait pas (*Errata de quelques brochures sur
les Finances*, 1818).

Le système des Emprunts est le système de
finance des tems difficiles et des Ministres peu
habiles ; parce que le succès en est toujours facile : il ne s'agit que du plus ou du moins. Le
talent négocierait à 80 ou au pair, ce que la maladresse négocie à 50 fr. Mais quand la maladresse gouverne, elle a des flatteurs qui rejettent
ses fautes sur les circonstances, et qui lui adju-
gent tous les honneurs du succès.

En 1819, les Étrangers ont enfin quitté la
France, les Rentes ont été prodiguées pour
payer notre rançon, un surplus considérable
existe et dans les caisses et dans les revenus des
Budgets, j'ai pensé que le tems d'accorder des
soulagemens était arrivé. Après avoir commu-
niqué ces idées au Ministre, qui les a repoussées
en 1819, comme il avait fait en 1814, j'ai évité
toute participation à un Budget dont je ne pouvais approuver ni le principe, ni les moyens.

Étranger au Budget, libre et maître de mon
opinion, j'ai cru pouvoir, j'ai cru devoir la
publier (*Situation des Finances au* VRAI).

J'ai toujours désiré et voulu, j'ai plusieurs fois
proposé le soulagement des contribuables, mais
ma tendresse pour eux, a été une passion mal

heureuse, que je n'ai pu faire partager à des Budgets inhumains.

Voilà ma conduite, voilà tous mes torts envers les Budgets depuis 1814. Suis-je bien coupable?

On attaque aussi mes principes politiques. En 1814 j'étais un révolté, un *bonapartiste*, pour avoir suivi les Caisses du Trésor; en 1815, en 1816, mon royalisme de fraîche date était suspect; maintenant je suis un exagéré, un *ultrà*; parce que je ne suis pas de leur avis sur des questions financières; parce que je propose une réduction d'impôts; parce que j'en prouve la nécessité et la facilité.

Quel pourrait être celui de nos droits, de nos libertés, de nos intérêts constitutionnels qui ne me fut pas cher?

La liberté de la presse : J'en use autant que personne, et je lui dois de la reconnoissance.

Les Droits électoraux : J'ai répondu à l'absurde imputation, que je suis l'instrument d'une troisième attaque contre la loi des élections. Les suffrages de mes Compatriotes furent et seront toujours le noble objet de tous mes vœux.

La liberté individuelle : Mon Père fut sept mois dans les prisons et sous le fer des révolutionnaires.

Les domaines nationaux : Je fus toujours leur défenseur dans les Bureaux, dans les Conseils, contre les injustices et les vexations de la fiscalité: mais je suis aussi le défenseur des droits reconnus par le Roi, et je crois que la justice et les lois sont aussi faites pour les émigrés.

Que pourrais-je regretter avant la Charte? que pourrais-je regretter depuis?

Des privilèges: Mes ancêtres ne jouissaient que

d'un seul privilège, celui de payer les droits de lods et ventes sur leurs maisons à Paris ; et nous le regrettons peu.

Des titres : Ma famille n'attache de prix qu'à la considération et à l'estime publique, et elle y possède des titres assez anciens,

Des faveurs : Mon Père, après 28 ans de services gratuits et municipaux, Doyen des Maires de Paris, n'a obtenu, en 1816, d'autre récompense qu'une démission; peu de mois après que 16 ans de services administratifs m'avaient également conduit à une démission.

Je suis, il faut le reconnaître d'une race suspecte à la Royauté et à la liberté constitutionnelles.

Je suis un homme servile ; car je disputai avec le Budget de 1814; je donnai ma démission pour pouvoir combattre le Budget de 1816, et je critique celui de 1819, au risque d'encourir une démission.

Je suis un Financier fiscal et sans amour pour mon pays ; car, trois fois, à mes risques et périls, j'ai plaidé en faveur des contribuables ; j'ai proposé et voulu des réductions d'impôts en 1814 ; je me suis opposé aux six nouveaux impôts proposés en 1816, et je proclame, en 1819, la nécessité, la facilité de faire une réduction de 50 millions.

Mais c'est trop parler de moi ; et je serais sans excuse si je n'avais été placé dans le cas de la légitime défense.

Que l'on attaque mes calculs, je me tairai sur les détails individuels ; mais que signifient toutes ces accusations d'esprit de parti., d'intérêts ou d'animosités personnels , et ce grand mot d'ambition ?

Je fus toujours soumis et dévoué aux Ministres amis de mon pays , et travaillant à sa prospérité.

Est-il donc interdit de mêler au noble désir de servir son Roi et sa Patrie, toute espérance d'estime publique, toute vue d'avantages et d'honneurs civiques? Quels sont ceux qui, en donnant l'exemple, ont acquis le droit de prêcher une abnégation absolue de tout avenir ?

Vous tous qui siégez dans les Chambres et dans les Conseils! vous qui disposez de nos biens, de nos destinées en arbitres souverains, et trop souvent au gré de vos erreurs et de vos caprices, ne fûtes-vous pas ambitieux, au moins un jour? Malheur *à nous* si vous n'ambitionnâtes pas, pour servir votre Roi, et être utile à votre pays, les postes éminens auxquels vous êtes parvenus! Malheur *à vous*, si vous n'ambitionnez plus les suffrages de vos Concitoyens et l'estime de la Postérité!

Les fruits de bien public se greffent et se cueillent sur toutes sortes de sauvageons ; quand le fruit est bon et abondant, qu'est-il besoin de fouiller à la racine ? Mais lorsque le Figuier ne produit que des fruits amères , l'Homme-Dieu l'a dit : qu'il soit coupé et jeté au feu (1).

Approchons-nous , et goûtons quels sont les fruits du Budget ?

Ce 6 mai 1819.

---

(1) Omnis ergò arbor non faciens fructum bonum , excidetur , et ni ignem mittetur.

NOTE INDICATIVE DES RENVOIS

AUX COMPTES ET AU BUDGET.

Je ne citerai pas une somme, pas une phrase, sans indiquer le volume et la page dans lesquels elle se trouve.

Les Budgets et les Comptes imprimés sont très-nombreux et très-volumineux : ils se composent de six volumes in-4°.

Pour simplifier les renvois et faciliter les recherches et les vérifications, je considère tous ces tomes isolés comme formant un corps d'ouvrage en plusieurs volumes:

Je les range en ordre, et j'indiquerai les renvois comme il suit :

Le *Budget*, qui avait été préparé et imprimé en décembre, de 270 pages (1er. volume.).

La *Proposition de la loi* pour le règlement des Budgets des exercices antérieurs, de 74 pages (2e. vol.)

Compte rendu par le ministre des finances, de 226 pages (3e. vol.).

Comptes rendus par les ministres (services courants), de 294 pages (4e. vol.) .

Comptes rendns par les ministres (services arriérés) de 136 pages (5e. vol.).

Projet de Budget, pour l'exercice 1819, de 163 pages (6e. vol.)

TABLE SOMMAIRE.

(*Voir la table détaillée, pag.* 129.)

INTRODUCTION.

Dans les tems d'orage et de discussions politiques, les questions de finance sont presque les seules qu'ils soit possible de traiter au gré de toutes les opinions; parce que la plupart de ces questions touchent à des intérêts réels. Les plus brillantes théories, les systèmes les plus vantés, n'obtiennent de succès, qu'autant qu'ils procurent le soulagement des peuples.

Les Contribuables et les Députés les plus divisés d'opinions se réunissent pour demander économie dans la dépense, modération dans les impôts, clarté, exactitude dans les Comptes.

D'une extrémité de la France à l'autre, des deux côtés des deux Chambres, et au centre même, on espérait des économies et des diminutions dans les contributions. Les uns les exigeaient hautement, prêts à se plaindre de leur modicité; les autres les attendaient avec une soumission respectueuse, disposés à accueillir avec reconnaissance, à applaudir avec transport le plus léger soulagement.

Le Budget et les Comptes ont enfin été publiés. Toutes les attentes ont été déçues, toutes les espérances se sont évanouies; mais l'impatience s'est accrue, et le mécontentement s'est propagé.

Le 9 février, en présentant les Comptes, les Ministres ont demandé 136 *millions* de supplémens de crédits.

La surprise qu'avait causé cette demande durait encore, lorsque le Budget de 1819 a été présenté le 16 mars.

A peine le Ministre des finances eût-il prononcé cette effrayante somme, 889 *millions*, que des deux extrémités de la salle s'éleva un cri d'étonnement et de douleur; de sourds gémissemens et des soupirs étouffés se prolongèrent jusque derrière le banc des Ministres.

Quel éloquent avertissement que cette surprise et cette improbation universelles, qui se sont répétées hors des Chambres !

Cependant, cette disposition des esprits, si générale, si manifeste, n'était pas ignorée : le Budget en fait foi; il promet quelque soulagement pour l'année prochaine... ou pour l'une des années qui suivront...

Hâtons-nous de prendre acte, sans nous y fier, de la promesse que le Ministre des finances veut bien faire : « d'introduire une modération notable dans nos » dépenses, quand le matériel de l'armée aura été renou- » vellé..... quand les cadres des légions seront rem- » plis........ quand les routes auront été reconstrui- » tes.... quand nos ruines seront effacées.... » (Discours, p. x.)

Tout cela pourrait nous mener un peu loin. Les Contribuables qui souffrent, sont impatiens. Il n'est pas étonnant que cette promesse déjà plusieurs fois renouvellée, et toujours différée n'ait pu, cette fois, trouver croyance.

Dans cet état d'anxiété, de découragement et peut-être d'irritation, où les Comptes et le Budget ont jeté les Chambres et les Contribuables, j'ai pensé qu'il pourrait être utile de rechercher si ce soulagement si ardemment desiré, si vaguement promis pour un avenir indéterminé, ne pourrait pas être accordé, *dès cette année, dès aujourd'hui, pour 1819.*

J'ai acquis la conviction consolante, que sans rien déranger à l'économie du Budget, il est facile d'accorder *une réduction immédiate de 5o millions sur la Contribution foncière, et de faire cesser les Retenues.*

Je démontrerai que cet allégement ne peut être ni refusé ni différé.

Pour que cette téméraire entreprise puisse trouver grace aux yeux de tous ceux qui vivent aux dépens des revenus publics, je me hâte de déclarer que je ne prétends proposer aucune réduction de dépenses. Rien en effet de si ordinaire, de si facile, de si inutile, que de crier : « Il faut diminuer les dépenses de *cent millions*, pour réduire les impôts d'autant. »

On laisse crier, et les Budgets suivent leur marche progressive. On dit même que les tempêtes qu'ils excitent, n'ont souvent d'autres résultats que de les élever et de les gonfler.

Je ne discuterai que les Frais de négociations ; il me sera facile de démontrer qu'ils sont enflés de plus de *huit millions.*

Pour ôter tout prétexte de retarder ou refuser une réduction d'impôts, j'essaierai de prouver que l'on peut subvenir à toutes les dépenses, *telles qu'elles sont proposées* par le Budget de 1819, ne leur faire subir aucune réduction, et cependant diminuer la Contribution foncière de 5o *millions.*

Je ne proposerai pas de rejeter cette charge sur les impôts indirects : il n'est pas nécessaire de les augmenter. Je me flatte d'être, sur ce point, de l'avis de tout le monde ; même de celui du Budget : car il faut rendre au Budget la justice de déclarer qu'il ne contient aucun impôt nouveau : il pousse la modération, jusqu'à maintenir seulement tous les impôts , toutes les retenues , et tous les centimes additionnels , successivement accumulés dans les tems d'anarchie, de despotisme , d'exactions, de malheurs et de misère , que nous avons parcourus depuis trente ans.

En creusant le Budget de 1819, on y retrouve tous les surhaussemens d'impôts , ajoutés les uns aux autres pour subvenir aux folles et désastreuses entreprises du génie du mal, qui trop long-tems présida aux destinées de la France. Ainsi, sur les flancs du Vésuve , on peut compter les couches de laves de différens âges , indestructibles monumens des éruptions qui ont dévoré les terres et les habitans ! comparaison trop juste ; car chaque nouvel impôt, comme une éruption volcanique, ravage , ensevelit, et voue à la stérilité une vaste étendue de culture et d'industrie ! Comme la lave , l'impôt ne perd sa première ardeur destructive, que pour acquérir un degré de solidité , qui semble devoir rendre éternels , et sa durée , et les maux qu'ils cause !

Tous les impôts anciens et nouveaux sont maintenus ; et le Budget déclare qu'ils ne suffiront pas ! Il annonce au-delà de toutes les ressources de 1819 , un *déficit* de ~~4,800,000 fr.~~ ! 48,900,000.

Une telle conclusion m'a surpris au plus haut point.

Le Ministre des finances, dont le mois de décembre vit commencer et finir l'administration , avait chargé une commission du Conseil d'état de constater la Situation des Caisses et des Budgets. Le travail de cette commissi était terminé pour la première partie : des élémens étaient recueillis pour exécuter la seconde. J'étais membre de cette commission. Ses opérations avaient constaté des sommes immenses en Caisse.

La Situation du Trésor m'était donc parfaitement connue, lorsque le 31 décembre, je félicitai le nouveau Ministre de l'avantage inapréciable qui semblait lui avoir été réservé, de proposer une réduction d'impôt.

Je crus voir qu'il goûtait peu mes félicitations, et qu'il écartait mes propositions. J'appris bientôt que les travaux de la commission ne seraient pas continués.

Néanmoins, je devais supposer que l'on ne chercherait à dissimuler, ni la *situation* des finances, ni la *surabondance* des ressources, ni la *replétude inoüie* des Caisses du Trésor au 1er. janvier 1819.

Je m'attendais à l'aveu d'un TROP PLEIN de plus de CENT MILLIONS, à des propositions de réductions non dans les dépenses, mais au moins dans les impôts.

Mon étonnement fut grand, lorsque je lus dans les Comptes présentés le 9 février, ces sinistres paroles : « Le total de la dette léguée à 1819 par les anciens exer- cices, s'élève à 186,686,000. » (pag. 13.)

Cet épouvantable *legs* m'aurait fort alarmé, si je n'eusse su à quoi m'en tenir. Je fus donc bientôt remis de cette *première* frayeur. J'expliquerai les motifs de ma sécurité; mais je n'étais nullement préparé à une *seconde* peur de 48,900,000 !

J'eus besoin de me rappeler qu'il est des Professeurs qui prétendent qu'en matière de Crédit public, le plus sûr moyen d'inspirer la confiance, est d'effrayer par l'é- normité des besoins et l'exiguité des ressources.

Semblables à ce médecin qui débutait par faire adminis-nistrer ses malades, les *financiers alarmistes* ne mon-trent que les dettes et les besoins ; quant aux ressources, ils les atténuent, ou les portent *pour mémoire*.

Cette méthode est connue, elle date déjà de quelques annés, mais le tems de ses succès est passé ; elle ne peut plus réussir après quatre années de discussions finan-cières, après trois Budgets publiquement débattus. Il s'est formé dans les Chambres et au-dehors, des hommes qui ont étudié nos finances. Ces examinateurs incom-modes sont en état de reconnaître les distractions des ré-dacteurs du Budget, et prêts à en avertir. Faute de pou-voir faire mieux, il faut se résigner à être vrai.

La seule méthode qui désormais puisse plaire et réussir, à mon avis du moins, c'est une déclaration sincère, loyale, entière, de la situation des finances, de l'étendue des res-sources *sans atténuations*, et du montant des besoins *sans exagérations*.

Il est probable que cette innovation serait du goût des Chambres et des Contribuables ; elle doit même être salu-taire au Credit, qui se nourrit plus volontiers d'espéran-ces que d'alarmes, qui préfère des aveux, même indis-crets, à des réticences suspectes.

On ne demandera plus à l'avenir aux Ministres des finances que de la franchise et quelque pitié pour les Contribuables ; on ne leur permettra que cette habileté qui saurait hâter le soulagement des Propriétaires.

L'étude et l'expérience ne suffisent pas pour donner cette précieuse habileté ; elle a sa première source dans le cœur ; c'est sans doute ce qui la rend si rare dans tous les tems et dans tous les degrés de l'administration financière.

Les confiscations , les banqueroutes , les exactions , l'a-
narchie et le despotisme fiscal ont eu leurs Ministres des
finances , la Bourse a eu les siens (1) et les étrangers les
leurs (2) ; les propriétaires et les cultivateurs ont pu croire
un instant que leur tour était venu. Ils ont quelques droits
d'exiger qu'à l'avenir tout Ministre des finances soit éclairé
sur leurs besoins, avare de leurs sueurs et soigneux de
leurs intérêts : ils montrent pour modèle , ils promettent
pour récompense au Ministre qui voudra les protéger , ou
seulement les épargner , l'exemple et la réputation de
Sully.

Quant à Colbert , c'est au Ministre de l'intérieur à
marcher sur ses traces , et déjà le commerce et l'industrie
ont tressailli d'espérance.

Présenter des Comptes et des Budgets , c'est provoquer
des examens et des contradicteurs. En finances , les critiques sont sans dangers , on ne doit craindre que le silence
à la faveur duquel les projets désastreux s'introduisent et
sont mis à exécution.

Les vues justes en finances , participent de la nature des
calculs. La vérification , la discussion ne font que les affermir. Adoptées en connaissance de causes , elles inspirent
plus promptement une confiance plus étendue , et produi-
sent des fruits plus abondans.

Les idées fausses , les plans mal conçus , résistent rarement à une discussion libre et publique , et leur rejet
écarte les maux qu'ils eussent causés.

Les discussions financières ne peuvent donc avoir que

---

(1) Allusion à Law , à l'abbé Terray , etc.
(2) Allusion à Particelli , à Neeker , etc.

des avantages pour le Public , pour les Chambres et pour le Gouvernement. Elles ne pourraient contrarier qu'un Ministre des finances dont la marche oblique et sinueuse craindrait la lumière. Nous ne sommes pas dans ce cas.

L'esprit de parti pourrait seul , en se mêlant aux discussions financières , nuire aux heureux résultats qu'elles doivent produire. C'est en vain que l'on chercherait à l'exciter contre une réduction d'impôts. Malgré les appels que l'on tenterait de faire aux haines et aux passions , il n'est aucun Député qui voulut par amitié ou par antipathie , admettre des propositions désastreuses , ou en rejeter de favorables aux Contribuables ! Aucun Député n'est capable de cet acte de trahison envers ses commettans. Des comptes défectueux , un Budget oppressif , sont des ennemis communs , contre lesquels tous les Députés doivent marcher réunis par le plus sacré de leurs devoirs , par l'amour du bien public.

Aussi depuis 1814 , et surtout dans les dernières années , les Députés d'opinions différentes , ont fait cause commune sur les questions de finances : ces discussions ont été entièrement libres , non-seulement entre les hommes partageant les mêmes opinions politiques , mais même pour les fonctionnaires attachés à l'administration , et pour les chefs , les inspecteurs , les simples employés des finances. Plusieurs d'entre eux se sont permis de critiquer les Comptes et les Budgets , et on leur a compté leurs soins pour en montrer les défauts , comme autant d'efforts pour contribuer à l'amélioration des finances (1).

______

(1) Les exemples sont nombreux; les plus remarquables sont la brochure publiée en 1815 par M. V. Masson, chef au Ministère des

J'estime trop les Ministres pour craindre de leur déplaire, en émettant le vœu de voir, dès cette année, les
Propriétaires faiblement soulagés de l'intolérable fardeau
de la Contribution foncière, et en indiquant les moyens
d'accorder cet allégement. Ah ! sans doute, lorsque le
Ministre des finances a déclaré qu'il fallait ajourner encore toute réduction d'impôts, tout le conseil du Roi a
gémi de cette impuissance ; ses regrets se sont accrus en
affligeant par cette cruelle proposition la tendresse du Roi
pour ses peuples, et en épouvantant les Chambres et la
France par cette proclamation de détresse.

Si je puis parvenir à prouver que l'on peut retrancher
5o *millions* aux revenus, c'est-à-dire, aux impôts de
1819, sans compromettre aucune partie du service, sans
laisser en souffrance aucune partie des dépenses ; si la
charge accablante des Propriétaires est allégée de cette
somme, peu m'importe les destitutions, les haines et
les persécutions : je serai trop heureux de les avoir encou-
rues. Long tems elles furent en France la récompense
assurée aux hommes assez indépendans pour avertir les
administrateurs de leurs distractions et de leurs erreurs,
assez courageux pour demander la réparation de leurs
fautes. Nous apprendrons, si ce tems dure encore, si
cette méthode de gouvernement est passée de mode, ou

---

finances, qui appréciait avec une sévérité bien rigoureuse, mais qui,
en certains points, ne manquait pas de justesse, le système et le Ministre de 1814 ; et l'ouvrage de M. Mollard, Inspecteur des finances,
qui, en 1818, releva une foule d'erreurs très-réelles dans les Comptes
de gestion ; il jugea sainement cette méthode, et ne fut pas réfuté, parce
que la réfutation était impossible.

si elle est à l'usage des Ministres de tous les tems et de toutes les opinions.

Si j'échoue dans cette patriotique et pieuse entreprise, je ne demande pas que l'on me tienne compte de mes intentions. Je serai satisfait, si la malveillance ne parvient pas à les envenimer ; et je dois les expliquer.

L'Administrateur des finances a rarement la satisfaction sans mélange, de travailler pour le bonheur des hommes ; mais il peut toujours mêler à ses travaux, la consolation de diminuer leurs privations et leurs peines. C'est s'occuper du bonheur de ses concitoyens, que de chercher les moyens d'empêcher les finances d'y porter de trop fortes atteintes.

Je plains celui qui, livré aux travaux et aux calculs de l'administration des finances, n'a pas pour premier désir, pour unique but, l'amélioration du sort des Contribuables. Quelle satisfaction pourra-t-il éprouver, s'il ne tourne toutes ses méditations vers cette partie des finances, qui en se liant à l'économie politique, apprend à choisir parmi les impôts les moins désastreux, parmi les modes de perception les plus économiques et les moins vexatoires ? Quel souvenir, quelles traces laissera-t-il, s'il a mis tous ses soins à arracher de l'argent aux peuples, pour l'entasser en amas stériles, ou pour le hasarder dans les jeux périlleux de la Bourse, à solliciter un crédit rébelle à ses efforts ?

Dans tous les plans, dans tous les projets, même dans les Budgets, il faut chercher d'abord les soulagemens, les améliorations que le Public en doit recueillir. Presque toujours on n'y découvre que le profit des inventeurs, la commodité des administrateurs, ou de vaines théories.

Lorsqu'en 1816, un sinistre Budget vint épouvanter la France, par la proposition de cinq ou six impôts nouveaux, j'osai imprimer qu'il fallait les repousser, qu'il fallait subvenir à des besoins extraordinaires par les ressources extraordinaires du Crédit et des Emprunts (*Examen impartial du Budget* 1816.)

Les impôts furent refusés, et les emprunts adoptés.

Je ne dirai pas que ce système a réussi; nous n'avons encore eu ni système de Crédit, ni système de finances.

On ne peut appeler un succès, des ventes de rentes à 52 francs, à 67 francs au plus.

Nous payerons chèrement et long-tems la pusillanimité avec laquelle le Gouvernement proposa et fit ses emprunts, et la défiance avec laquelle les Capitalistes les accueillirent.

Cependant 79 *millions* de rentes ont fourni plus *d'un milliard* en numéraire : ils ont payé notre rançon. 58 *autres millions* acquittent nos dettes envers les créanciers français et étrangers : 138 *millions de rentes* ont été ajoutés au Grand-Livre et aux charges annuelles des Contribuables. Tels ont été le résultat d'un Crédit mal conduit, et certes nous pouvons du moins nous applaudir d'avoir obtenu ces puissans résultats sans écraser les Contribuables d'impôts.

Nous approchons de l'excès, non du Crédit, mais de l'usage qu'on en doit faire. Nous touchons à l'abus. Il est tems de nous arrêter, et de songer aux Contribuables.

Affermir, étendre le Crédit public, en diminuant la Contribution foncière, paraîtrait un contre-sens à ces enthousiastes irréfléchis, qui croyent que le Crédit profite de tout ce qu'ils enlèvent à la propriété, et qui prétendent enrichir la France, en apauvrissant les Propriétaires. Ils ne veulent pas voir qu'un Crédit public, que des emprunts fondés sur la misère publique, ne peuvent conduire qu'à la banqueroute et à la ruine. Combien peu est connu et rarement mis en pratique l'art de faire tourner le Crédit au profit des Contribuables !

Le Crédit public est assurément le meilleur des expédiens de finances, mais lorsqu'il est mis en œuvre par une main aussi économe qu'habile ; mais lorsque des besoins extraordinaires forcent à y recourir, et lorsqu'il allège le fardeau des Contribuables : il n'aurait que des dangers et des inconvéniens, s'il était mis en usage pour augmenter une stérile surabondance, et s'il pesait sur les Contribuables au lieu de les soulager.

Il semble que depuis quelque tems le Crédit public soit devenu une divinité famélique qui, la bouche béante, entourée de sacrificateurs insatiables, dévore, sans acquérir plus d'embonpoint et sans exaucer les vœux de ses adorateurs, les richesses dont ils surchargent ses autels. Pourquoi multiplier sans cesse nos offrandes ? Qu'il se contente de la dîme de nos revenus ordinaires, du sacrifice de tous les bois, en y comprenant jusqu'à la dernière *broussaille*. Ces hécatombes lui ont été voués au fort de la tempête ; il faut les accomplir. Mais qu'est-il nécessaire d'y ajouter encore ?

Les besoins extraordinaires sont remplis ; il ne peuvent plus se renouveler.

Les Emprunts sont fixés et presque terminés ; il n'existe aucune nécessité d'en ouvrir de long-tems de nouveaux. On n'a pas encore essayé de l'effet que l'aveu de toutes nos richesses, qu'une réduction de contributions sagement calculée, pourraient avoir sur le Crédit.

Songeons, avant tout, aux soulagemens demandés par les Contribuables : ils profiteront au Crédit ; car il ne pourra s'affermir en France tant que l'on placera les Créanciers de l'État en lutte avec les Propriétaires.

Si le Crédit est inébranlable en Angleterre, c'est qu'il ne pèse pas sur les Propriétaires ; c'est que la Contribution foncière est presque supprimée.

La France est enfin rendue à elle-même ; les Chambres ont le droit de compter exactement avec le Trésor royal ; elles peuvent maintenant sans danger, tenter de dissiper ces nuages de chiffres qui enveloppent et obscurcissent les richesses enfouies au fond des caisses : opulence plus fictive que réelle ; car le Trésor ne se remplit que des dépouilles des citoyens, il n'est riche que de leurs privations.

Je procéderai avec ordre, je fonderai sur trois situations différentes, le dégrèvement de 30 *millions* que je propose :

1°. Sur la Situation *matérielle* des Caisses et des Budgets antérieurs, présentant plus de 150 *millions* oisifs et disponibles à volonté. — Chap. Ier.

2°. Sur la comparaison des Ressources et des Besoins pendant l'année 1819, et sur la marche des recettes plus rapides que celles des dépenses, qu'elles dépasseront de plus de cent *millions* au 31 décembre prochain. — Chap. IV.

3°. Sur la rectification des évaluations atténuées des revenus du Budget de 1819, qui produira 50 *millions* de plus que l'estimation. — Chap. V.

Chacune de ces trois Situations suffirait pour motiver une réduction d'impôts de 50 *millions*, et pour en fournir les moyens : toutes se réunissent pour détruire tout pré texte de retard, pour démontrer que tout délai, tout refus seraient injustes, odieux, impossibles.

4°. J'aurais pu fonder aussi ce dégrèvement sur les réductions à faire dans les dépenses : mais le passé nous a appris à compter peu sur les économies. Assez d'autres se chargeront du soin ingrat de contester l'utilité et l'étendue des dépenses. Cependant je prouverai une réduction de *huit* à *dix millions* sur les frais de négociation.

Le meilleur usage à en faire serait de les affecter à la *suppression des retenues* sur les traitemens : impôt excessif, arbitrairement assis sur une classe de citoyens utiles, assujettis à tous les autres impôts. La suppression des *retenues* est le plus juste des dégrèvemens; elle sera pour les Fonctionnaires un véritable *rappel à l'égalité proportionnelle* : ils n'ont pas mérité d'être plus maltraités que les autres Contribuables.

J'ai pris pour point de départ la Situation des Caisses, J'aurais pû prendre une marche inverse, et partir des évaluations du Budget de 1819, pour remonter à la Situation des Caisses. Cette autre marche m'aurait conduit au même résultat, avec cette seule différence que le chapitre V serait devenu le chapitre Ier Je vais présenter un Résumé, en suivant cette autre manière de procéder et de raisonner pour arriver aux mêmes résultats.

1°. Chap. V. Il est démontré que les *Evaluations* des Revenus du Budget de 1819 sont *atténuées* de 50 millions. En les rétablissant aux Recettes, on reconnaît qu'elles excèdent les dépenses de pareille somme; dès-lors il est incontestable que l'on peut, que l'on doit réduire la Contribution foncière de 50 millions dès 1819, et que cette réduction sera constante, permanente, éternelle.

2°. Chap. IV. Lors même qu'il serait douteux et incertain si les Revenus de 1819 produiront 50 millions de plus que les Evaluations, comme il est démontré que les Recettes marchent plus vite que les Dépenses et qu'elles les dépasseront au 31 décembre prochain de Cent millions, on peut, sans craindre aucune gêne, aucun danger pour le service, réduire pour 1819, 50 millions sur la Contribution foncière, sauf à compter avec le Trésor à la fin de l'année.

3°. Chap. Ier. Lors même que ni *l'excédant de Revenus*, ni la *rapidité des Recettes* ne pourraient suffire à une réduction de 50 millions sur la Contribution foncière, les *Fonds accumulés* en caisse s'étant élevés au-delà de toutes les proportions, suffiraient seuls pour rendre insensible pendant 1819, la Réduction de 50 millions.

Les deux dernières hypothèses ne sont, comme on le voit, que subsidiaires ; la *proposition fondamentale*, c'est la *Réduction* de 50 millions sur la Contribution foncière, parce que le Budget de 1819 produira 50 millions, de plus que les *Evaluations* : mais lors même que cette augmentation paraîtrait douteuse à quelques esprits craintifs, ils peuvent se rassurer, la rapidité des recettes et les fonds en caisse assurent le service jusqu'au 31 décembre prochain et au-delà, et permettent d'attendre le résultat du Budget et de la *Réduction*.

Pour repousser cette *Réduction*, il faut donc démontrer :

1o. Que 1819 produira 26 millions *de moins* que 1818.

2°. Que les Recettes seront en 1819 beaucoup *plus lentes* que les Dépenses.

3°. Que les *Fonds accumulés* dans les caisses, 187 millions, sont insuffisans, et bien moins considérables qu'ils n'étaient jadis.

4°. Que les dépenses ne sont susceptibles d'aucune réduction.

Or, et les Comptes produits et l'expérience des années antérieures, démontrent tout le contraire.

En marchant vers ces résultats, j'ai fait d'autres observations sur les Comptes et sur le Budget. J'en présenterai quelques-unes, mais sous la forme du simple *doute*, laissant au lecteur à prononcer.

Obtenir des Chambres plus de fonds qu'il n'en faut, encombrer les Caisses d'argent, est une médiocre et désastreuse adresse.

Le plus habile en finances, comme dans tout autre art, est celui qui, de faibles moyens, tire de grands résultats. J'ai vu pendant huit ans le Trésor, ne thésaurisant point, menacé chaque jour d'épuisement, ne se plaindre jamais de ses besoins, jouir d'un haut crédit, suffire sur tous les points à d'urgentes et immenses dépenses, avec *huit* ou *dix millions* de frais de négociations. Il fallait alors quelque talent pour le diriger ainsi.

Maintenant le talent doit se montrer dans:

La *Réduction* de la Dette flottante;

La *Réduction* des Frais de négociations;

La *Réduction* des Impôts.

Que propose le Budget de 1819?

L'*Augmentation* de la Dette flottante;

L'*Augmentation* des Frais de négociations;

Le *Maintien* des Impôts.

Quel est son unique but?

L'*Augmentation* de l'aisance du Trésor et de la *surabondance* des Caisses!

Je n'ajouterai rien à ce court et fidèle résumé.

Je vais en donner les preuves.

SITUATION DES FINANCES
AU VRAI,
Au 1er. Janvier 1819.

Congestis undique saccis.
Le Trésor regorge d'argent.

Le premier besoin des Chambres est de connaître la *Situation des finances* AU VRAI, au 1er. janvier 1819 ; c'est aussi leur premier devoir..

Qui n'aurait crû que dans *mille pages* in-4. de chiffres et de comptes, cette situation était présentée sous tous les rapports, et justifiée dans toutes ses parties. J'avais remarqué avec étonnement qu'aucun des trois discours ni des deux rapports ne parlaient de cette Situation. Mes recherches m'ont convaincu qu'elle n'était présentée, dans son ensemble et sous son véritable point de vue, dans aucun des tableaux accumulés sous tant de formes et de titres différens. Je vais d'abord, en rapprochant des renseignemens épars dans les différens volumes, établir la Situation matérielle des caisses, examiner les valeurs en caisse et en portefeuille, et vérifier les ressources et les besoins de 1819.

Je m'efforcerai de présenter ces situations et d'en démontrer les conséquences avec une simplicité et une clarté auxquelles nos finances sont peu accoutumées. Les bases que j'adopte ne peuvent être contestées ; je les extrais du budget et des comptes.

Je placerai hors de doute la trop grande abondance du Trésor et la très-brillante situation des finances ; j'en met-

trai les preuves à la portée de tous, afin de dissiper le
fausses alarmes, de relever la confiance, d'affermir le
crédit, de répandre l'espérance, de donner la certitúde
d'un allégement d'impôts immédiat, considérable et pro-
gressif d'année en année.

CHAPITRE Ier.

SITUATION MATÉRIELLE DES CAISSES.

Au 1er. janvier 1819, il existe en caisse :

1o. *Numéraire*, on valeurs équivalentes (6e vol. pag. 42
et 44) 92,076,000,

2o. *Effets publics* appartenant au Trésor
(6e. vol. pag. 42 et 138). 72,248,000

3o. *Avances* faites par l'administration des
finances (6e. vol. pag. 42 et 45). 40,761,000

4o. *Débets* de comptables et autres créanciers (6e. vol., pag. 42) 22,588,000

L'administration des finances reconnaît
donc qu'elle a entre les mains, à sa disposition, en valeurs effectives, la somme immense de 227,472,000

Il est vrai que le Budget ne comprend, comme valeurs
réelles à recouvrer, que la somme de . . . 102,079,000

Et il porte *pour mémoire*, c'est-à-dire
pour RIEN la somme de 125,397,000

Rayer ainsi d'un trait de plume 125 *millions* des valeurs réelles appartenant au Trésor, c'est une manière
fort expéditive de régler les comptes, et un peu large de
finir les affaires; j'ai peine à croire qu'elle soit du goût
des Chambres. Elles ont voté ces 125 *millions*; ils
font partie des crédits qu'elles ont ouverts; ils ont été

payés par les Contribuables ; ou chèrement empruntés à leur charge ; peut-être les Chambres s'imagineront-elles qu'elles ont le droit d'examiner, au moins légèrement, les valeurs qui composent ces 125 *millions*, surtout avant de consentir à ce qu'elles soient ainsi mises de côté, comme des *valeurs mortes* et jetées hors des comptes comme des épluchures des Budgets. Les orfèvres lavent leurs cendres pour en retirer les parcelles d'or et d'argent; procédons au lavage de ces balayures du Trésor.

I°. Les 92 *millions* en NUMÉRAIRE, ou valeurs représentatives, n'ont de remarquable que leur prodigieuse accumulation, hors de toute proportion avec les besoins réels du service et avec la situation ordinaire des caisses ; en opposition avec les bons principes d'admistration qui prescrivent de rendre sans retard à la circulation les sommes recueillies par le Trésor. (V. 31e. Doute).

II°. 72 *millions* EFFETS PUBLICS, APPARTENANT AU TRÉSOR, portés pour *mémoire* ou NÉANT.

Examinons en détail et apprécions chacun des effets dont cette somme se compose.

1o. *Actions de banque*, 1,112,408 . . . . pour *mémoire*.

Au premier coup-d'œil on se demande quel obstacle s'oppose à ce que le Ministre fasse vendre et réaliser ces 1050 actions de la Banque, reçues au taux de 1060 en 1813. Au cours actuel de 1500 elles produiraient 1,575,000; sur cette opération il n'y aura pas de perte.

2o. *Actions des Salines*, 712,300 francs portés *pour mémoire*.

Pourquoi ne ferait-on pas vendre ces 136 actions des salines de 5000 fr. chacune, saisies dans la faillite d'un comptable, et qui, mises aux enchères, produiraient au moins .... 1,000,000 ?

Le Crédit n'en pourrait souffrir, Les lois n'ont pas accordé de fonds pour que le Ministre des finances devienne actionnaire de la Banque ou des Salines; il doit laisser ces spéculations aux particuliers.

Au lieu de *pour mémoire*, il faut donc mettre...... 2,575,000.

3°. *Reconnaissances de liquidation* : intérèts 280,884 f.: capital 5,617,680 portés *pour mémoire*.

On nous laisse ignorer quelles opérations ont pu placer des *Reconnaissances de liquidation* dans les caisses du Trésor? Comment elles ont été reçues, achetées ou échangées au pair? Je n'anticiperai pas sur les explications qui seront sans doute données aux Chambres : j'aime à croire qu'elles seront pleinement satisfaites de cette singulière conversion de numéraire en effets perdant 20 à 30 pour cent. Je rapellerai seulement que quelque puisse être la perte qui en résultera, ces 5,617,000 de reconnaissances de liquidation doivent être réémises. La loi a ordonné que le Trésor émettrait, et non pas achèterait des Reconnaissances de liquidation. Cette somme si modique, relativement aux 360 millions émis ou à émettre, ne peut avoir aucune influence durable sur le cours : mais il est urgent de faire disparaître cette irrégularité; il est nécessaire de rappeler aux Ministres qu'ils ne sont que les administrateurs, les dépositaires des deniers publics; qu'ils ne peuvent les employer qu'aux dépenses votées par les Chambres, qu'ils ne peuvent intervertir l'ordre et la nature des payemens; et que leur pouvoir ne va pas jusqu'à faire échanger des effets publics au pair contre de l'argent, lorsque l'échéance n'est pas arrivée, lorsqu'elle est éloignée de plus de cinq ans, lorsque le cours de la Bourse est au-dessous du pair.

Si la négociation de ces *reconnaissances de liquidation* est ordonnée, la perte sera de *quinze à seize cent mille* francs : mais au lieu de *pour mémoire*, il faudra mettre en compte.. 4,000,000 fr.

4o. et 5o. *Rentes, cinq pour cent :* intérêts 4,703,434 : capital, 64,805,436, portées pour mémoire.

Ces *Rentes* sont calculées au cours moyen de 68 fr. 88 c. Elles proviennent de deux sources principales.

1o. 4,674,500 de rentes évaluées 23 *millions*, forment la partie non employée sur le crédit de 16,600,000 de rentes, accordé à l'exercice de 1818. (Voir le 26e. Doute.)

5o. Le surplus 3,028,934 de rentes, représente un capital de 41,805,000, qui paraît avoir été employé à l'achat de rentes sur la place.

Ces achats et placemens, y compris les reconnaissances de liquidation et les 582 *mille* francs de rentes revendues en décembre (6e vol. pag. 42), ont employé un capital de plus de 56 *millions*. Cette somme avait été recouvrée en argent, elle aurait dû être employée au paiement des dépenses publiques, ou rester dans les caisses ; elle a été détournée de sa destination, pour être aventurée dans des spéculations sur les effets publics, dont la fin est éloignée et l'issue douteuse.

Je ne dévoilerai pas un secret, en rappelant que des spéculateurs aventureux avaient porté à une élévation prématurée le cours des effets publics ; une baisse inévitable et rapide leur faisait payer le prix de leur imprudence ; ils appelèrent le Trésor public à leur secours. L'administration effrayée de leurs périls, touchée de leur sort fâcheux, et alarmée pour le crédit public , fit des avances sur dépôts de rentes , et même fit acheter des rentes : qu'arriva-t-il ? plus le Trésor avançait de fonds , plus la baisse faisait de progrès.

Le plus utile résultat de ces opérations irrégulières , illégales , quelles que fussent les intentions de ceux qui les conseillèrent et les dirigèrent , a été de faire partager au Trésor les pertes et les embarras des spéculateurs , ou peut-être de procurer des bénéfices à ceux qui purent deviner le secret des achats et des prêts sur dépôts.

Je n'accuse aucune intention ; je m'abstiens d'émettre aucun jugement, j'attends celui des Chambres , auxquelles ces opérations se trouvent soumises et dénoncées par la déclaration que le Trésor ne pourra pas en 1819 recouvrer la somme engagée dans les effets publics , et qu'il faut la remplacer par de nouveaux moyens.

Remarquons que si ces placemens irréguliers n'avaient pas été *faits* , il y aurait 47 *millions de plus en caisse , en numéraire* ; au lieu de 92 *millions* , les caisses du Trésor renfermeraient 140 *millions disponibles* et sans emploi.

Il me semble qu'il était possible de trouver des moyens plus légaux de rendre à la circulation ces fonds oisifs.

L'extrême abondance du Trésor en 1818 , due à la libéralité du budget de 1818 , n'a eu pour résultat que d'accumuler des fonds stagnans, de renchérir les frais de négociations et de compromettre 50 *millions*. Certes il faut diminuer une surabondance qui a eu de si fâcheux effets.

Ces 50 *millions* , portés *pour mémoire* , ne sont pas perdus sans retour , leur réalisation est facile , il suffit de la vouloir et de l'ordonner.

Comment doivent être réalisés les 72 millions d'effets appartenans au Trésor?

Le Ministre demande à en faire le gage *d'emprunts sur dépôts*, pour couvrir *un prétendu déficit* de 48,900,000. J'examinerai plus loin si ce *déficit* de 48,900,000 fr. existe réellement. Quant à présent il ne s'agit que de savoir s'il serait préférable de réaliser, de revendre les 72 *millions d'effets appartenans au Trésor*, ou de les manœuvrer sur la place pour obtenir, par des négociations occultes, un secours de 48,900,000 fr.

Les *Emprunts sur dépôts de rentes* peuvent convenir aux particuliers, qui spéculent sur le cours des effets publics. En déposant successivement les rentes qu'ils ont achetées, contre un nouveau prêt dont ils emploient le produit à un nouvel achat, ils peuvent faire une spéculation double, triple, décuple de leurs capitaux. Ils décuplent ainsi leurs profits. ... ou leurs pertes.

Les *Emprunts sur dépôts* de rente sont le plus sûr moyen de faire en peu de jours, une *immense fortune*... ou une *immense banqueroute*.

Le Trésor ne doit pas chercher des profits, et il doit craindre les pertes. Il n'a jamais rien gagné aux spéculations, et très-souvent il y a beaucoup perdu; et puis on a jeté les pertes dans les *débets*, *les créances irrécouvrables*, *les frais de négociations*, *les pour mémoire.* . . . Des exemples, des souvenirs *très-anciens* nous apprennent qu'autrefois quand le Trésor spéculait, des gens bien instruits spéculaient en avant, en arrière ou à côté de lui; et tandis que le Trésor, toujours maladroit, malheureux, ou mal servi, n'éprouvait que des pertes, de plus habiles s'enrichissaient. Cette méthode est, dit-je, très-ancienne, car je me rappelle avoir lu dans Horace :

> Multis occulto crescit res fænore.   Epist. 1.
> Beaucoup ont fait fortune par un agiotage occulte.

Rien de pareil assurément n'est maintenant à craindre. Le plus sûr cependant, est de ne pas s'y exposer.

L'*Emprunt sur gage*, même sans ces accessoires, est un expédient petit, honteux, indigne du Trésor royal, indigne surtout de l'autorisation des Chambres. Elles ne peuvent empêcher un Ministre des finances d'emprunter, spéculer, négocier, comme il l'entendra ; mais elles doivent se réserver de lui demander compte de l'utilité, de la convenance de ses opérations et de leurs résultats en pertes ou en bénéfices.

Le seul mode de réalisation qui soit régulier et légal, le seul que les Chambres puissent reconnaître et autoriser, ou plutôt celui que les Chambres ont ordonné, que toutes les lois ont prescrit, c'est la *vente*. Elle n'est pas sans dangers, mais le ministre saura les éviter.

La vente replacera les finances dans la voie légale ; elle fera disparaître les traces d'opérations que la loi n'avait pas autorisées, et réparera ces fautes graves.

Mais le crédit public en souffrira peut-être ? Mais la place se plaindra ?

Que 5o *millions* soient retirés par négociations, ou de rentes, ou d'autres effets publics, le résultat sera le même.

Est-ce une opération si difficile que la réalisation de 5 *millions de rentes* en un an, ou dix-huit mois, au cours de 67 à 7o ?

Lorsqu'il craint d'échouer dans une pareille négociation, le Ministre montre trop de défiance de lui-même.

La Bourse serait bien exigeante et bien ingrate si elle s'y opposait. Que peut-elle espérer après avoir obtenu coup sur coup tant de faveurs et de tels secours ? l'Escompte des arrérages de rentes qui s'est élevé jusqu'à 4 *millions* sur *quatre-vingt* (non compris 5 millions escomptés à cinq pour cent, au prêteur à huit et plus :) les Petits-Grands-Livres, et la vente des Broussailles !

Concluons : soit que la vente des *effets publics appartenant au Trésor*, soit ordonnée ; soit qu'ils restent à la disposition du Ministre, loin de porter ces 72 *millions* POUR MÉMOIRE, il faut les porter en ligne de compte au moins pour 66 *millions*.

III°. AVANCES *faites par le Trésor* (6ᵉ vol. p. 45.) portées seulement pour *dix millions*, et le surplus 50,761,000 porté.... *pour mémoire*.

Dans cette somme, 4 *millions* peuvent paraître des avances fort irrégulières. Le surplus affecté à des services publics ne peut être critiqué.

Les Subsistances y sont comprises pour une somme de 24,240,000 : cette somme n'est que le reste de dépenses bien plus fortes, dont voici le relevé :

Primes à l'impor- { En 1817 (2ᵉ vol. p. 69)....5,705,000
tation des grains. { En 1818 (2ᵉ vol. p. 70)....4,505.000

Pertes { Au budget de 1817 (2ᵉ vol. p. 69) 22,200,000
définitives. { Rejetées sur la ville de Paris.... 17,000,000

Total des pertes...49,410,000

Un rapport publié par le Ministre de l'intérieur nous apprend qu'il sera recouvré 7,240,000 ; il faut donc, au lieu de *pour mémoire*, porter en compte ladite somme de 7,240,000.

Quant aux 17 millions *de pertes pour Subsistances*, que l'on menace de rejeter sur la ville de Paris, la Ville se refuse à ce remboursement, et le Conseil municipal a fait imprimer un Mémoire pour défendre les intérêts de la Ville. Les Chambres doivent prononcer sur sa réclamation : mais il y a double emploi à présenter ces 17 millions aux Chambres comme irrévocablement perdus, en même tems que l'on poursuit la ville de Paris, pour la forcer au remboursement.

C'est aux Députés de la ville de Paris, à la défendre contre la demande qui lui est faite de ces 17 millions, et à proposer de les porter en dépense au Budget de 1817, en les ajoutant au supplément de crédit de 22,200,000, qui sera ainsi porté à 39,200,000.

Le Ministre, en portant ces 17 millions *pour mémoire,* prononce la décharge de la ville de Paris.

.. Ces 17 millions doivent être déduits, sur les 40,761,000; cette déduction est la seule admissible, toutes les autres avances peuvent être promptement et facilement recouvrées ou régularisées, si même elles ne le sont déjà.

Au lieu de dix millions, il faut donc mettre 23,761.000

IV°. 22,588,000 Débets *de Comptables et autres créances d'un recouvrement incertain et éloigné. ..... pour mémoire.*

Sur ce point, et pour les *trois quarts*, le Ministre des finances pourrait bien n'avoir que trop raison. Rarement le Trésor parvient à recouvrer les fonds que le défaut de surveillance des Administrateurs, et le défaut de probité dans les Comptables lui ont enlevés ; mais ce n'est pas une raison pour que le Ministre se décharge purement et simplement de 22 millions ; pour qu'il les raye de l'*Actif du Trésor*, et les déduise sur les Budgets. Avant de consentir à cette réduction, les Chambres ont le droit de se faire rendre compte en détail de ces 22 millions *de débets.*

Il serait juste, il serait nécessaire, que la liste des Comptables infidèles, qui détournent à leur profit les deniers publics, fût mise chaque année sous les yeux des Chambres ; que leurs noms fussent voués au mépris de

leurs concitoyens, que par cette nouvelle sorte d'exposi-
tion, ils fussent flétris comme *voleurs publics*. Cette
honte solennelle retiendrait les moins pervers, ajouterait
aux moyens de surveillance et de repression, et pourrait
diminuer les Débets.

On reconnaîtra la nécessité de prendre quelque mesure
à cet égard, lorsque l'on remarquera la progression alar-
mante des Débets.

Au premier avril 1814, les Débets, suivant un état annexé au Budget de 1816 (pag. 208), s'élevaient à 8,128,000.

Au premier janvier 1818, suivant le compte
(vol. 3, p. 158), ils s'étaient élevés à........ 11,018,000.

Enfin, au premier janvier 1819, le Budget
(vol. 6, pag. 42), les élève tout-à-coup à.... 22,588,000.

Ils auraient donc doublé en un an! peut-être y a-t-il
quelque erreur ou double emploi? Quelle que soit la
cause de l'augmentation, on conviendra que cela demande explication; et que pour prévenir à l'avenir toute
incertitude de cette nature, il serait bon de donner aux
Chambres la liste nominative des nouveaux Débets sur-
venus chaque année, et celle des Débets devenus irrécouvrables, dont le Ministre demanderait à être déchargé.
Les prêts et avances à des Commerçans, ou plutôt à des
Spéculateurs protégés, sont des irrégularités graves, et
elles doivent être interdites; c'est avec raison qu'on les a
réunies aux débets; car elles ne causent que des pertes.

Cette communication périodique, cette demande de
passer en dépense et en déduction les Débets, prêts et
avances irrécouvrables, tiendrait et les Comptables et les
Administrateurs en haleine.

En attendant, ou ne peut soutenir que les 22 millions
soient entièrement perdus; on ne peut contester la pos-

sibilité d'un recouvrement du quart: au lieu de *pour mémoire*, il faut donc mettre....... *cinq millions.*

Cette discussion n'a pas été oiseuse ; nous n'avons pas perdu notre tems, puisque nous avons reconnu qu'il fallait retirer des *pour mémoire* 85,336,000.

Les Actions de la banque......................... 1,575,000.
Les Actions des salines..... .... 1,000,000.
Les Reconnaissances de liquidation............ 4,000,000.
Les Rentes.. 60,000,000.
Les Avances...................................... 13,761,000
Les Débets....................................... 5,000,000.

Ces 85 *millions* ajoutés au 102 *millions* avoués par le Budget, élèvent les valeurs disponibles à 187 millions.

L'Actif reconnu par le Ministre était de....... 227,473,000.
Il portait *pour mémoire*, et il déduisait...... 125,397,000,
Il ne regardait comme disponibles et réalisa-

ble que.................................... 102,076,000.
J'ai démontré qu'il ne devait être porté *pour*

mémoire que............................... 40,473,000.
Et que le surplus était réalisé ou réalisable à

volonté....................................... 187,000,000.

Que de conséquences découlent d'une telle situation du Trésor royal ! que de réflexions fait naître , que de difficultés peut résoudre une somme de 187 millions *disponibles* ! à combien de questions elle peut donner lieu ! que de maux a fait une telle accumulation ! que de bien on peut répandre, que de soulagemens on peut accorder , en diminuant cette thésaurisation sans objet !

Je dois le faire remarquer, les reproches que l'on peut faire pour une si prodigieuse accumulation , et pour l'emploi irrégulier qui a été fait d'une partie , ne s'adressent pas au Ministre actuel. A son arrivée , au 31 décembre 1818, il a trouvé 187 millions réunis, et à sa disp...

Il ne peut se plaindre cette fois que les Caisses lui ont été livrées vides. Il ne doit pas tant s'évertuer pour les remplir encore (Voir 31e. Doute.).

Est-il nécessaire de conserver en caisse une somme aussi forte ? nullement ! Des encaisses beaucoup moins forts suffisent aux mouvemens des fonds. Cette *replétude* excessive était inconnue avant 1816 , et elle s'est considérablement accrue en 1818. On en jugera par le relevé suivant des soldes en caisses à plusieurs époques. :

Au premier avril 1814 (compte de 1815 , page 19 , état A) le solde en numéraire et valeurs représentatives , était de............................ 28 millions.

Au 20 mars 1815 (*idem*,) p. 35 , état O.) il était porté à............ 71 millions. Opulence si intempestive et tant regrettable ! perte irréparable.

Au 8 juillet 1815 (*idem*. p. 169, état O.) il n'y avait plus que........ 31 millions.

Au premier janvier 1818) le solde était (vol. 3, p. 19 et 158.) de..... 66 millions.

Et au premier janvier 1819 (vol. 6. p. 42.) il était monté à............ 92 millions. Si des sommes recouvrées n'eussent pas été détournées de leur destination pour des emplois illégaux, le solde en caisse aurait été de plus de............... 140 millions.

Enfin, toutes les valeurs disponibles et réalisables en numéraire s'élèvent à. 187 millions.

Cette effrayante accumulation menace de s'accroître encore en 1819 ; je le démontrerai. Il est tems d'y mettre un terme; il est tems de la faire tourner, au moins en partie, au soulagement des Contribuables, puisqu'elle s'est formée à leurs dépens : j'en indiquerai les moyens.

Je demande maintenant , si d'après la *Situation matérielle des caisses* , il est opportun de proposer , s'il est indispensable d'accorder la faculté *d'augmenter la dette flottante* de 48,900,000 , pour donner plus de large aux mouvemens du Trésor.

La solution sera facile pour ceux qui auront suivi avec attention la démonstration qui précède de la situation du Trésor, et qui consulteront le 29 , 3o , 3 1 et 3 2e. Doutes.

Ils ne seront pas surpris de me voir conclure , que la surabondance est telle, qu'elle suffit pour fournir les moyens de diminuer de 5o millions les Contributions dès 1819.

Si le Ministre ne voulait rien rabattre de ses prétentions ; s'il persistait à refuser toute réduction des impôts et à exiger 48,900,000 de moyens *très – extraordinaires* ; ne pourrait-on pas lui demander comme à l'Avare d'Horace : « Quel plaisir il prend à considérer des sacs » entassés , et s'il veut en faire des reliques ? »

> ....*Congestis undique saccis,*
> *Indormis 'inhians , et tanquam parcere sacris*
> *Cogetis , aut pictis tanquam gaudere tabellis?*

CHAPITRE II.

APERÇU DE LA SITUATION DES BUDGETS

et des Finances, dans leur ensemble,

Au moyen de TROIS QUESTIONS.

La Situation matérielle des caisses doit être en parfaite harmonie avec *la Situation générale de l'ensemble des finances* : telle qu'elle résulte de la *balance des* Budgets et des écritures. Cette année on a supprimé *la balance* des Budgets *par exercice*, et le Compte de gestion au premier janvier 1819, n'a pas été produit. Les Comptes qui accompagnent le Budget de 1819, sont ceux de 1817 : ils s'arrêtent au 31 décembre 1817 ; ils sont en ce moment de *quinze mois en arrière* ; ils ne peuvent être d'aucune utilité. (Voir 33e. et 34e. Doutes.)

Est-il besoin de tant de comptes, de chiffres et de calculs pour connaître, sinon avec une parfaite exactitude, au moins très-approximativement, *la Situation générale des finances.*

Tant de tableaux et de chiffres brouillent la vue et embrouillent les calculs, empêchent d'étudier et de vérifier ; ils semblent faits tout exprès pour inspirer le dégoût et provoquer le découragement, afin de forcer à adopter les résultats de confiance , sans examen, et sans confiance.

Je vais indiquer une *méthode abrégée* de constater en quelques lignes, la Situation des finances, et de connaître le montant des sommes que le Ministre des finances doit représenter.

Le Trésor n'a que deux sources de recettes , et qu'une cause légale de dépense; il suffit de les examiner dans l'ordre suivant :

1°. Les Recettes des Budgets.

2°. Les Payemens des Dépenses des Budgets.

3°. Les emprunts , *hors Budgets* , appelés le Passif des caisses , ou *Detté flottante*.

A toute époque , en obtenant du Ministre des finances réponses claires , cathégoriques et exactes à *trois questions*, on dressera la Situation des finances.

Essayons l'application au premier janvier 1819 , de cette *formule simplifiée*.

« 1°. *Combien le Trésor avait-il reçu sur tous les Budgets* » *de recette au premier janvier 1819 ?* »

Le Compte répond (2ᵉ vol p. 38)   4,075 millions.

« *Combien le Trésor avait-il fait* » *payer ?* »

Le compte répond (2ᵉ vol. p. 60) . . 3,965 millions.

Notons que le Trésor a plus reçu que dépensé (v. 17ᵉ et 22ᵉ. Doutes), au
moins . . . .   110 millions.

» « 3°. *Quel est le montant actuel de la dette flottante* » *ou Passif des caisses ?*

Le Budget de 1819, (6ᵉ vol. p. 43 et 56)
répond. 175.974,000

Le Trésor ne doit cette somme que parce qu'il l'a reçue à titre de dépôts , emprunts , ou émissions de valeurs. Le Ministre doit donc la représenter.

C'est ici le lieu de rappeler qu'une partie de cette dette est antérieure au 1ᵉʳ avril 1814. Il fut constaté par le Budget de 1816 (p. 208) que l'excédant de cette dette sur l'Actif du Trésor , était au premier avril 1814, de (voir le 32e. Doute) 113,871,000

Les Budgets n'ont accordé pour la réduc-
tion de cette dette que (1817).. 23,000,000

La *Dette flottante* actuelle remonte
donc au premier avril 1814, pour une
somme de (v. 39e Doute)................... 90,871,000

On ne peut demander compte de ces 91 millions au Ministre des finances ; car il a été constaté qu'ils manquaient au Trésor, au premier avril 1814 ; il n'ont pas été reçus depuis cette date.

En résumant les réponses faites aux *trois questions* nous reconnaîtrons qu'au premier Janvier 1819, le Trésor doit renfermer, et le Ministre doit représenter :

1°. L'excédant des recettes sur les Budgets, 110 millions ;

2°. Le montant des Emprunts consti-
tuant la dette flottante. 175,974,000
moins la dette antérieure au
premier avril 1814. 90,871,000

    Excédant. 85,103,000   85 millions.

La somme totale à représenter serait de 195 millions.

Nous avons constaté dans la Situation matérielle des caisses un solde de.......... 227 millions.

Les deux soldes devraient être pareils : mais combien on entrevoit de *causes de différence*,

La valeur des 1,674,500 fr. de rentes comprises dans l'actif, n'a pas été portée en recette. (v. 26e Doute.)

8,320,000 fr. , valeur de 600,000 fr. de rentes, ont été oubliés au Budget de 1818 (v. 20e Doute.)

10, 115,000 fr. de recettes faites sur 1816, 1817 et 1818, n'ont pas été portées en compte (v. 6e et 17 Doutes.)

10 millions de Coupes de bois de 1819, sont en

34

caisse sans qu'il en ait été fait recette (v. 21ᵉ et 42ᵉ Doutes.)

Un prélèvement de 12,238,000 fr. sur 1817 pour 1814, a été oublié (v 15ᵉ Doute.)

Les 22,338,000 pour Debets, sont erronnés.

Enfin il existe plusieurs autres doubles emplois, omissions ou erreurs que je n'ai pas relevés, sans compter ceux qui ont pu m'échapper.

Cependant cette méthode conduit bien près de la balance; car si on ajoute au résultat d'autre part de................................ 195 millions

Les omissions et atténuations de recettes expliquées aux 17ᵉ, 21ᵉ, et 22ᵉ Doutes.... 21 millions

La solde à représenter sera de .... 216 millions

La Situation *matérielle* présente un actif de................................... 227 millions

Mais il est évident que les débets sont exagérés de huit à dix millions.

Il est difficile d'obtenir en moins de chiffres une situation plus approchée d'après des comptes défectueux.

Si tous les comptes étaient exacts, la balance serait parfaite. Le défaut de concordance n'accuse donc pas *la méthode des trois questions*; c'est la plus facile, la plus claire et la plus certaine. Cette *formule abrégée* réduit la situation des finances à la plus simple expression, et la met à la portée de tous les contribuables.

Tant que les Chambres et leurs commissions n'auront pas résumé par cette formule, et réduit à ces trois questions, à ce peu de chiffres, les calculs et les comptes avec le Ministère des finances, elles n'y verront et n'y entendront rien; elles s'égareront inévitablement toutes les fois qu'elles s'engageront dans le labyrinthe des comptes, sans être munies de ce fil conducteur. Cela n'est pas étonnant; puisque cette année, ceux qui ont tracé et exécuté les comptes, *en supprimant la balance des Bud-*

gels *par exercice*, se sont fréquemment égarés et déclarent hautement qu'ils ne peuvent garantir leur travail.

Sur ce dernier point ils ont complettement raison, et
je suis de leur avis. Je leur conseille aussi d'essayer de la
méthode des trois questions; s'ils peuvent se résoudre à
renoncer à accumuler, sans ordre, des états insignifians
et incohérens; s'ils veulent enfin sérieusement voir clair,
et faire voir clair dans la Situation des finances.

En suivant cette Méthode, la Situation des finances,
omise cette année, précéderait les Comptes qui doivent
lui servir de preuves, et le Budget auquel elle doit servir
de base.

Les deux premières questions trouveraient leurs réponses dans les *balances* des recettes et des dépenses *par
exercice*, et la troisième question dans l'état certain et
certifié de la Dette flottante.

Les sommes à représenter par le Ministre, ainsi cons-
tatées, on procéderait à la vérification de la Situation *matérielle* des Caisses, à l'examen et à la discussion des
valeurs représentées.

J'ai commencé par cette discussion, parce que dans
l'état actuel des Comptes, c'était le point de départ le plus
certain, le seul certain. (v. le 36e. Doute.)

La situation matérielle des Caisses reconnue, on peut
juger s'il faut autoriser le Ministre à ajouter ou à retrancher
à la Dette flottante.

C'est ce que je vais examiner.

CHAPITRE III.

DETTE FLOTTANTE ou PASSIF

des Caisses...................................... 175,974,000
Et Augmentation proposée................ 48,900,000

(Voir les 27e, 28e, 29e, 30e, 31e, et 32e Doutes.)

Une des plus importantes parties de la Situation des finances, est la Dette flottante du Trésor ; elle acquiert cette année un plus haut degré d'importance, et réclame un examen approfondi, puisque le Ministre propose de l'augmenter de 49 millions, et de la porter de 176 à 225 millions.

Pour apprécier l'utilité de cette augmentation, il faut se rappeler l'origine de cette Dette flottante ; dans quelles circonstances elle a pris naissance, s'est perpétuée et s'est accrue.

Avant le 1er. avril 1814, les dépenses étaient immenses et urgentes, les Budgets de recettes renfermaient des revenus exagérés dans leur estimation, et dont plusieurs étaient d'une rentrée lente et incertaine.

La marche des recettes était plus lente que celles des dépenses. Le Trésor, toujours à sec, obéré, aux expédiens, empruntait les fonds de toutes les caisses, et attirait à lui les capitaux des particuliers par des émissions d'effets.

Mais les tems et la situation sont bien changés.

Les Budgets de recettes ne renferment que des revenus d'une rentrée certaine, rapide, estimés au-dessous de leur produit.

La marche des recettes est devenue plus rapide que celle des dépenses, et le Trésor regorge d'argent.

Comparons les situations aux deux époques du 1er. avril 1814, et du 1er. janvier 1819.

Il y avait *en caisse*, en valeur numéraire :

Au 1er. avril 1814 (compte de 1815 page 19) 28,000,000

Au 1er. janvier 1819 92,076,000

Le total de l'*Actif* du Trésor était :

Au 1er. avril 1814, de 41,840,000

Au 1er. janvier 1819, de 227,473,000

Au 1er. avril 1814, *les payemens excédaient les recettes* (v. 32e. Doute) de la somme de . . . . 313 millions.

Au 1er. janvier 1819, *les recettes excédent les payemens* (v. 22e. Doute) de . . . . 131 millions.

Il était naturel, nécessaire même au 1er. avril 1814, qu'il existât un Passif des caisses, une Dette flottante. Il a été reconnu qu'elle s'élevait à 113,871,000 au-delà de l'actif, et au total, sans déduction de l'Actif (Budget de 1816, p. 209) à 155,711,000

Le Budget de 1817 a accordé pour la réduction de cette dette 23,000,000

Elle ne devrait plus être que de 132,711,000

N'est-il pas au moins surprenant qu'elle soit au 1er. janvier 1819 de 175,974,000

N'est-il pas étrange que le Ministre demande à être autorisé à augmenter la Dette flottante de 48,900,000

A la porter à 224,874,000

Quels peuvent être ses motifs ?

L'épuisement des caisses ?

Elles renferment 92 millions; elles peuvent, à sa volonté, contenir 140 millions.

La rapidité, l'urgence des dépenses ?

Elles sont *plus lentes que les recettes*; 131 millions recouvrés à l'avance, attendent les ordonnances des Ministres, et cette anticipation croîtra de 50 millions en 1819.

Faut-il venir au secours du crédit public ?

Mais comment, et dans quel but ?

La Caisse d'amortissement suit sa marche régulière : elle disposera en 1819 de plus de 60 millions, et il n'y a pas d'emprunts à faire.

Les Chambres peuvent donc, sans danger pour le service, laisser la Dette flottante à 175 millions, et dans ce cas, il ne serait nécessaire ni d'emprunter 48,900,000, ni de négocier les 5,180,000 d'effets appartenant au Trésor, et représentant 72 millions de capitaux.

Les Chambres peuvent même, sans que ni le service ni le crédit en puissent souffrir, ordonner la réduction de la Dette flottante, comme superflue et dispendieuse.

Dans ce cas, elle serait diminuée du montant des avances qui seraient réalisées, et des effets publics provenant d'achats qui seraient revendus.

Enfin, les Chambres peuvent, en laissant la Dette flottante telle qu'elle est, et en autorisant, si elle devient nécessaire, la réalisation des valeurs, fonder à la fois sur la *surabondance des caisses* et sur la *rapidité des recettes*, un premier dégrèvement sur la contribution foncière.

Cette dernière proposition va être complettement démontrée par l'examen du tableau des Ressources et des Besoins de l'année 1819, et par la discussion des évaluations du Budget de l'exercice 1819.

CHAPITRE IV.

Tableau général

des Ressources *et des* Besoins *de l'année* 1819.

(6e. vol. pages 42 et 43.)

Ce Tableau est divisé en deux parties :

1°. Le Budget de 1819.

Il se balance en recette et en dépense, à la somme de. 889,210,000

2°. Le complément du service des *années antérieures* estimé en Ressources, à 137,426,000

En Besoins, à 186,329,000

D'où résulterait le prétendu *déficit de*. . . . 48,900,000

Tous les articles portés dans ce Tableau ont été discutés et vérifiés, à l'exception du *Restant à recouvrer* sur 1818, 35,353,000 que j'admets sans contestation.

Avant de rectifier ce tableau, il faut nous entendre sur sa destination. Dans sa forme actuelle, on ne sait s'il est destiné à présenter le service pour l'année 1819, ou pour l'*exercice* 1819, ou plutôt on reconnaît que, dans sa contexture bizarre, il a deux aspects différens : il est à-la-fois *tableau d'année* pour tout ce qui peut *atténuer les ressources*, et *tableau d'exercice* en tout ce qui peut *augmenter les besoins*.

Si l'on eut fait un *tableau d'exercice* complet, les ressources et les besoins eussent été nécessairement en équilibre ; on fut arrivé à une balance parfaitement égale ; mais les *balances par exercices* ont été proscrites des comptes présentés cette année.

Si l'on eut voulu faire un Tableau véritable du service

pendant l'année 1819 , on aurait déduit sur les 1,075 millions de dépenses , 200 millions environ , qui ne pourront
pas être payés en 1819 ; et au lieu d'arriver à un *déficit*
de 48,900,000 , on aurait reconnu un *excédant de ressources* de plus de 150 millions.

Mais quelle figure ferait à la tribune un Ministre qui
viendrait dire : « *Mon prédécesseur m'a laissé en caisse
» plus de 90 millions en numéraire, en tout plus de 187
» millions disponibles ou réalisables à volonté.* » On ne
monte pas à la tribune pour faire l'éloge de son prédécesseur. En pareil cas il est bien plus opportun de proclamer
un *déficit* d'une cinquantaine de millions.

Ce besoin d'annoncer un *déficit* en dépit des encaisses et
des *balances d'exercices* les a fait supprimer et a enfanté ce
Tableau bâtard , incomplet , où l'on a multiplié les *pour
mémoire.*

Je vais évaluer au plus juste les Ressources et les Besoins
pendant l'année 1819.

Je m'explique ; *Pendant l'année* ; cela veut dire en français et même en finance : « *Les recettes qui seront encais-
» sées, et les dépenses qui seront payées du* 1er. *janvier
» au* 31 *décembre inclus.* »

Il est impossible de prévoir aucune dépense extraordinaire en 1819 ; le pis qui puisse arriver , sera que le Trésor, au 1er. janvier 1820 , se retrouvera dans la position
où il est au 1er. janvier 1819 ; telle que je l'ai établie : 227
millions d'Actif, dont 187 millions disponibles , dont 92
millions en numéraire au-delà de toutes les dépenses
possibles.

Cette surabondance ne peut même qu'augmenter par
l'addition d'un nouvel exercice. Il est facile , en mettant
un peu de soin à accélérer les recettes et à retarder les

dépenses, ce qui n'est pas sans exemple (v. 32e Doute) d'avoir 30 ou 40 millions de plus en caisse au 31 décembre prochain. Mais procédons par le détail :

Les 186 *millions restant dus* sur 1818 et les années précédentes ne seront pas payés en entier en 1819.

Au 1er. janvier 1819, il reste à payer sur 1818, 1817, 1816, 1815 et 1814, environ 50 *millions*. (2e. vol., pag. 63.)

Au 1er. janvier 1820, il restera dû, sur 1818 et sur les années précédentes, au moins 50 *millions*.

Il sera payé pendant 1819, au plus......136 millions.

Pour le paiement de cette somme, les 137 millions, ressources avouées par le Tableau (p. 42) en admettant tous les *pour mémoire*, suffiraient sans recourir aux autres valeurs, et sans augmenter la Dette flottante.

Les 889 *millions*, Dépenses de 1819, ne seront pas payés en entier en 1819.

Au 1er. janvier 1818, il reste à payer sur 1818, 144 *millions* (2e. vol. p. 59 et 63).

Il n'y a pas d'exagération à supposer, qu'au 1er. janvier 1820, l'exercice 1819, sera dans cette situation :
Dépenses payées en 1819............... 749 millions.
Dépenses restant à payer............... 140 millions.

Mais les recettes ne marcheront pas en 1819 moins vîte qu'en 1818 : il ne restera à recouvrer, au 1er. janvier 1820, comme au 1er. janvier 1819, que 35 millions; supposons...40 millions.

La situation des Recettes de 1819 sera, au 1er. janvier prochain, comme il suit:

Recettes faites...................... 849 milions.
Restant à recouvrer..................40 millions.
Le Trésor aura donc reçu en 1819, sur le Budget de

1819. . . . . 849 millions.

Il n'aura pu payer que. . . . . 749 millions.

Il y aura en caisse un excédant de. . . . . . 100 millions.

Une partie de cet excédant peut, sans aucun inconvénient, être employée au profit des Contribuables. Une décharge de 50 *millions* peut être accordée sur la Contribution foncière dés cette année.

Il restera encore 50 *millions* d'excédant pour entretenir, dans les mouvemens du service et dans les caisses, l'aisance nécessaire.

Cette réduction ne pourrait pas se renouveler tous les ans par le même moyen; mais elle est assurée à partir de 1820; l'anticiper d'une année, serait un grand avantage. Il faut l'exiger dès 1819, pour empêcher que les promesses ne soient ajournées d'année en année.

L'*expédient de comptabilité* propre à exécuter cette décharge est simple et d'une facile exécution.

Les Chambres ne voteront les contributions directes et foncière que pour 313 *millions* au lieu de 363 *millions* (6e. vol., p. 129 et 137, état M); le total des recettes ne sera plus que de . . . . 839 millions.

Les dépenses de l'*exercice* étant de. . . . . . 889 millions,

Il y aura un Déficit apparent de. . . . . 50 millions.

Ce *Déficit* n'aura rien d'inquiétant. *La lenteur des dépenses et la rapidité des recettes* le couvriront pendant *l'année* 1819. Il existera même constamment en caisse, sur ce seul *exercice*, un excédant de recettes qui s'élèvera jusqu'à 50 ou 60 *millions*, sans compter les encaisses des exercices précédens. Il serait donc tems, en 1820, de pourvoir à ce *déficit*; mais, pour donner dès à présent toute garantie aux créancirs de l'État, il suffirait de stipuler que *ces 50 millions* seront prélevés sur les premières recettes de l'exercice 1820.

Cette disposition n'a pas même le mérite de la nouveauté ; les Chambres l'ont employée trois fois. Les Déficit des recettes des exercices 1816, 1815 et 1814 montant à plus de 87 millions, ont été payés sur les recettes de l'exercice 1817 , sans que le service en ait aucunement souffert.

Enfin , il me paraît certain que l'on n'aura pas même besoin de recourir au Budget de 1820 , pour balancer le *Déficit apparent* que causerait la diminution de la Contribution foncière en 1819.

Les sommes dont les produits indirects de 1819 *excéderont les évaluations* portées au Budget , couvriront largement les 50 *millions* de réduction ; c'est ce qu'il me reste à prouver.

Avant de passer à cette démonstration , je vais résumer la rectification du *Tableau des Ressources et des Besoins* de 1819 (6ᵉ. vol. , p. 42 et 43) , en présentant :

L'état au vrai des Ressources et des Besoins pendant l'année 1819 (Tableau *d'année* et non *d'exercice*).

BESOINS EN 1819 ,

A substituer au Tableau, p. 43 du Budget.

1°. *Restant à payer* ..... 186 millions.
Il sera payé en 1819 , *au plus* .... 136 millions.
A payer en 1820 , *au moins.* 50 millions.
2°. *Dette flottante* .... 175 millions.
3°. *Budget de l'exercice* 1819 .. 889 mill.
Il sera payé en 1819 , *au plus* .... 749 millions
A payer en 1820 , *au moins*... 140 mill.
Le total des *palemens à faire pendant* l'année 1819, sera , *au plus* de.......... 885 millions

RESSSOURCES EN 1819

A substituer au Tableau, p. 42.

1°. *Encaisses en numéraire*............ 92 millions.

2°. *Effets appartenant au Trésor*., 72 millions réalisables pour........... .... 66 millions

3°. *Avances*, 40,761,000, réalisables pour.............................. 23 millions.

4°. *Restant à recouvrer* sur 1818........ 35 millions.

5°. *Budget* de 1819..... 889 millions.
Recettes certaines en 1819, *au moins*. . . 849 millions.
Restant à recouvrer en 1820 ;
au plus................ 40 millions.

Le total *des ressources réalisables et disponibles pendant l'année* 1819, sera au moins de........................ 1,065 millions

Les Besoins ou *paiemens à faire* n'étant *au plus*, que de .... 885 millions

Au 1er. janvier 1820, il y aura un véritable *excédant* de Ressources, *au moins* de . 180 millions.

Au lieu du *Déficit prétendu de*......... 48,900,000.

Cet *Excédant* indubitable peut être affecté, savoir :

50 millions à accorder, pareille réduction sur la Contribution foncière.

50 millions : soit à réduire la Dette flottante, soit à différer la négociation des effets appartenant au Trésor.

80 millions resteraient libres, et à la disposition du Ministre pour former les soldes en caisses et fournir aux mouvemens de fonds et aux avances inévitables. Cette somme serait plus que suffisante. Cependant :

50 millions seront certainement ajoutés en 1819, par

les sommes dont les *produits* dépasseront les *évaluations* du Budget : je le démontrerai bientôt.

49 millions demandés pour couvrir un *Déficit chimérique* ne serviraient qu'à ajouter à cette surabondance et à l'élever à 280 millions !!!

Si les Chambres n'ordonnent ni la réduction de la Contribution foncière, ni la diminution de la Dette flottante, cette somme de 280 millions restera disponible et stagnante au-delà des paiemens possibles en 1819.

Je n'essaierai pas de dépeindre tous les inconvéniens et les dangers d'une telle accumulation. Il n'est pas besoin de les indiquer : mais je demanderai de quelle utilité cette surabondance de fonds peut-être pour le Ministre même qui la demande ? qu'en peut-il faire ?

Nous ne sommes plus sous la législation de 1814 qui, avec un entier abandon, avait mis à la disposition du Ministre tous les fonds affectés au rachat des effets publics; qui lui avait laissé toute liberté de racheter comme et quand il le jugerait convenable. Aucune somme ne peut plus être employée par le Ministre, en achats sur la place même momentanés et transitoires. La marche constante de l'amortissement est réglée par la loi et surveillée par les Chambres. Il n'y peut être rien ajouté ni retranché. Le Ministre a les mains liées, et quelque soit le nombre de *millions* oisifs qu'il ait amassés, il ne peut légalement en faire aucun usage. Ces 280 *millions* lui seraient donc de toute inutilité. Ce n'est pas la peine de les entasser, puisque l'on n'en pourrait rien faire.

Pour ceux qui s'étonnant de cette Situation du Trésor, seraient tentés d'admirer le génie qu'il a fallu déployer pour réunir tant de *millions*, je l'apprécierai en deux mots :

Le talent développé en 1817 et en 1818, a consisté à

obtenir des Chambres plus de fonds que le service n'exigeait.

En 1817 et en 1818 on a

Trop imposé,

Trop emprunté ;

C'est-à-dire, on a fait plus de mal qu'il n'était nécessaire.

Le Budget de 1819 propose de continuer

A trop imposer,

Et à trop emprunter ;

Et cela sans alléguer aucun motif plausible ; car heureusement ceux qui rendaient excusables les opérations de 1817 et 1818, n'existent plus.

Je vais indiquer une autre source de surabondance pour le Trésor, et donner une nouvelle preuve de la nécessité de réduire la Contribution foncière, en démontrant que les évaluations du Budget de 1819 sont *atténuées*, et que les produits fourniront 50 millions au-delà des estimations

CHAPITRE V.

Les ÉVALUATIONS du Budget de 1819 sont ATTÉNUÉES de 50 millions.

(6e. vol. page 129 et suivantes.)
(Voir les 7e , 8e , 9e et 10e Doutes.)

On sait assez que l'habitude constante du Ministère des finances est d'affaiblir les évaluations, pour pouvoir échapper aux réductions d'impôts que les Chambres pourraient avoir le caprice d'exiger, si, dès l'ouverture de l'exercice , les revenus étaient connus dans toute leur étendue. Puis, un an , deux ans après , on vient se pavanner de son savoir-faire, en offrant des excédans de recettes : mais ils sont absorbés par les excédans de dépenses et par les supplémens de crédits qui ne peuvent être refusés , car ils ne sont plus que des régularisations de dépenses très-bien faites. Telle est l'histoire des exercices et des Budgets précédens, dont 1819 ne serait que la continuatiou.

Cette histoire est écrite dans les Comptes des anciens exercices. Les revenus ont produit au-delà des estimations :

En 1815 (6e. vol. page 44).... 11 millions.
1816 (id.   page 45).... 21 millions.
1817 (id.   page 46).... 26 millions.
1818 (id.   page 47).... 42 millions.
Au total.... 100 millions
Et avec les excédans d'Emprunts........ 149 millions.
(Voir 15e. et 16e Doutes.)

Il n'y a eu aucune non-valeur en 1818 ; celles des années précédentes , peu nombreuses , s'expliquent par des circonstances extraordinaires et par des motifs particuliers qui n'existent plus : bien au contraire, la marche progressive des produits des administrations pendant les dernières années , le retour de l'abondance, la prolongation de la paix , le départ des étrangers , et surtout le bas prix des vins promettent des accroissemens considérables de Recettes.

Sans doute une somme quelconque a été comprise dans les évaluations du Budget pour ces augmentations plus que probables ?

La comparaison qu'il est facile de faire entre l'*état des recettes* de 1818 (2ᵉ vol. p. 47) et le *Budget général des revenus de* 1819 (6ᵉ vol. p. 129) fait connaître que *les évaluations pour* 1819 *sont plus faibles* que les produits de 1818, de 26 millions. (voir le 7ᵉ. Doute.)

J'en suis demeuré confondu.

Quoi ! me suis-je dit, Son Excellence prévoit-elle en 1819 quelques malheurs politiques , quelque fléau du ciel; ou bien se croit-elle moins habile que ses prédécesseurs ?

Son Excellence a tort dans les deux cas.

En essayant de le prouver , je ne puis lui déplaire; je jouerai presque le rôle de flatteur.

Mais peut-être que le Budget propose de diminuer le tarif des impôts dont il atténue les évaluations ?

L'art. 52 du projet de loi ôte toute espérance, et force de renoncer à cette explioation. Il contient la très-complette nomenclature de tous les impôts indirects, et en maintient les tarifs. Les vagues promesses jetées dans les discours et les rapports sont pour un avenir indéterminé.

On ne peut donc admettre aucune de ces suppositions : il paraît clair que le Ministre veut se ménager la jouissance de nous causer, *l'année prochaine*, une agréable surprise, en nous annonçant que, grâces à ses soins, nous avons payé 40 ou 50 millions de plus que les Chambres n'avaient vôté, de plus qu'il n'était nécessaire. Mais par forme de compensation, S. Exc. ajoutera : que nous n'avons pas à nous inquiéter de cet argent, attendu que l'on a eu grand soin de le dépenser.

Les Chambres jugeront sans doute que la plus faible évaluation des impôts indirects pour 1819, ne peut être *au-dessous* de leurs produits en 1818 : alors elles auront à ajouter à l'estimation des Revenus du Budget de 1819, une première somme de . . . .   26 millions, (voir les 8ᶜ. et 9ᵉ. Doutes).

Puis elles penseront que dans d'aussi heureuses circonstances, et comme un témoignage flatteur de confiance dans le Ministre, elles doivent attendre de son administration, au moins 24 *millions* de plus qu'en 1818. Les accroisemens des produits sur les vins fourniront seuls 15 ou 20 millions (voir le 10ᵉ. Doute).

Elles reconnaîtront que les évaluations des revenus du Budget de 1819 sont affaiblies de 50 *millions* ; elles les rectifieront, et en voyant que le Budget des recettes de 1819 doit s'élever effectivement à . . . . .   939 millions, tandis que les dépenses sont de. . . . . . .   889 millions; elles déduiront l'excédant de. . . . . . .   50 millions sur la Contribution foncière, et cette réduction sera définitive, permanente ; elle ne pourra que croître chaque année avec les accroissemens immanquables du produit des contributions indirectes, et avec les économies que l'on promet chaque année.

4

CONCLUSIONS.

J'ai parcouru le cercle que je m'étais tracé ; j'ai démontré par les comptes et les états soumis aux Chambres, par des calculs inattaquables, par l'expérience des années passées :

1°. Que d'après la *Situation matérielle des caisses,* leur *excessive plénitude* doit être réduite de 5o *millions,* et que cette somme peut être affectée à une réduction sur la Contribution foncière.

2°. Que les recouvremens dans leur marche plus rapide que les dépenses, les dépasseront en 1819 de plus de 100 *millions,* dont moitié peut être affectée à la réduction de la Contribution foncière, en rejetant 5o *millions* de payemens sur le Budget de 182o.

3°. Qu'en ne demandant aucun secours, ni aux Encaisses, ni au Budget de 182o, en laissant subsister et croître encore en 1819 cette prodigieuse et désastreuse surabondance du Trésor, en n'exigeant aucune réduction dans les dépenses des Ministres, les seules recettes de 1819 évaluées modérément, offraient les moyens de faire sur la Contribution foncière une réduction de 5o *millions* dès 1819.

En poursuivant ce but principal de mes recherches, j'ai subsidiairement démontré :

4°. Que le *déficit* de 48,9oo,ooo allégué, était tout-à-fait chimérique.

5°. Que l'autorisation d'augmenter la *Dette flottante* de 48,9oo,ooo devait être refusée.

6. Que les Chambres pouvaient à leur gré, ou autoriser la réalisation deseffets achetés par le Trésor, pour

en employer le produit à la réduction de la *Dette flot-*
tante, ou laisser ces effets publics en caisse, en défen-
dant d'augmenter la *Dette flottante*.

7°. De toutes ces discusssions et recherches, il résulte
qu'à aucune époque, en France, et peut-être dans aucun pays, le Trésor n'a renfermé des sommes plus immenses, le Gouvernement n'a eu plus d'abondance, et
l'Etat des revenus plus certains et plus étendus.

8°. Qu'à aucune époque, par conséquent, il ne fut
plus juste, plus opportun, plus indispensable de réduire les impôts.

9°. Qu'à aucune époque, l'Administration des finances, restreinte, rabaissée, rapetissée, au recouvrement
des impôts, aux mouvemens de fonds, aux jeux des
caisses, et aux spéculations de la Bourse, ne fut plus facile, et ne dût être moins coûteuse.

10°. 11°. 12°. etc., etc., Bien d'autres conséquences
se présentent en foule; je les abandonne à la sagacité du
lecteur.

CHAPITRE VI.

RÉDUCTION DE CINQUANTE MILLIONS,

Sur la Contribution foncière.

Nescis quo valeat nummus, quem præbeat usum ?
Panis ematur, olus, vini sextarius, adde
Queis humana sibi doleat natura negatis. HOR.

Ignorez-vous la valeur et l'usage de l'argent ?
il produit le pain, l'huile, le vin, et tout ce dont
la privation fait souffrir les hommes.

APRÈS avoir marché par trois voies différentes à la conquête d'une réduction d'impôts de 5o *millions*, après avoir pressé de toutes parts le Ministère des finances, pour lui arracher l'aveu de son opulence cachée ; pour lui enlever une première réduction constamment ajournée, obstinément refusée, je n'entreprendrai pas de prouver que les Propriétaires-Fonciers doivent les premiers profiter de cette réduction ; je regarde ce point comme admis, et je ne m'occupe que d'indiquer très-sommairement les bases de répartition.

L'article 38 de la loi du 15 mai 1818, avait demandé pour cette session, un nouveau projet de répartition. Pour satisfaire à cette disposition, on a placé à la suite du Budget, deux tableaux ; l'un (p. 154 à 157), du revenu imposable des départemens, d'après quatre bases différentes ; l'autre (158 et 159), contient une nouvelle répartition, d'après laquelle la surcharge de la Contribution foncière serait seulement de 13,770,449 fr., dans 41 départemens.

D'abord, il est faux que les surtaxes ne s'élèvent qu'à 13 millions. La comparaison entre les départemens ne signifie rien; car, dans les départemens les plus chargés, il existe des contribuables épargnés, comme dans les départemens ménagés, il existe des contribuables surtaxés. La décharge nécessaire doit être du montant entier des surtaxes, et certainement elles atteignent *cinquante* millions.

La proposition de rejeter les 13,770,449, sur 44 autres départemens trop faiblement imposés, est inadmissible, inéxécutable, et le Ministère des finances ne peut l'ignorer.

Tout travail tendant à rejeter la surcharge réelle d'une partie des départemens sur d'autres, dont la modération des impôts est au moins contestable, ne peut amener aucun résultat. Une pareille proposition est une véritable pomme de discorde jetée au milieu de la Chambre des Députés, et on pent dire, *jetée à dessein pour faire échouer toute tentative de réduction*.

Quel Député pourrait consentir à une augmentation de la Contribution de son département? Quel département avouerait qu'il est ménagé dans la répartition de cette contribution?

Le mode de *rappel à l'égalité proportionnelle*, soit entre les départemens, les communes ou les particuliers, est né avec la contribution foncière; mais il a toujours été et sera toujours illusoire; si on tâche de le mettre à exécution, il deviendra une source de discussions, de troubles, de haînes et d'injustices.

L'égalité proportionnelle de la contribution foncière, est une chimère aussi impossible à atteindre, qu'impossible à conserver.

Le Cadastre, ou tout autre mode tendant vers ce but, est à mon sens un leurre ou une perfidie ; une niaiserie politique et financière ; une vaste et dispendieuse inutilité qui ne peut faire aucun bien, et qui suivant ses combinaisons et son exécution, peut causer des maux et des injustices multipliés, graves et durables.

Un *Cadastre* parfait, fort heureusement est inexécutable : car ce serait l'ennemi le plus dangereux pour les Propriétaires, et le plus fatal à la propriété foncière.

Les vrais avantages du *Cadastre français* sont ses imperfections, ses fausses évaluations, ses faux arpentages, la lenteur de sa marche et sa destruction rapide, qui rappellent cette épigramme de Martial :

> Entrapelus tonsor dùm circuit ora Luperci,
> Expingit que genas ; altera barba subit.

Assez bien traduite par un inconnu :

> Bénet, mon barbier et le vôtre,
> Rase avec tant de gravité,
> Que, tandis qu'il tond d'un côté,
> La barbe repousse de l'autre.

La Situation des finances est assez belle pour pouvoir réduire la Contribution foncière des départemens et des Contribuables les plus chargés, sans rejeter cette décharge sur d'autres départemens et d'autres Contribuables. Il faudrait saisir l'occasion de ce dégrèvement pour bannir à jamais cette dangereuse chimère, *le rappel à l'égalité proportionnelle*. Au lieu de poursuivre une ombre fugitive qui échappe au moment où le Cadastre croit la saisir ; il faudrait accorder aux Propriétaires la garantie qu'ils ont le droit d'exiger, qu'après la distribution du dégrèvement de 5o *millions*, la répartition *actuelle* de la contribution foncière restera *fixe*, inaltérable,

et sera diminuée proportionnellement aux fixations *ac- tuelles.*

La Fixité de la contribution foncière , aussitôt après le dégrèvement de 5o millions, serait une source de bonheur pour les propriétaires. Cette fixité devrait être dès à présent, elle aurait toujours dû être accordée à tous ceux qui la demanderaient, en renonçant à prendre leur part dans les dégrèvemens. Quant à ceux qui réclameraient une réduction, si la notoriété publique portait leurs cohabitans à y consentir, tout se ferait promptement et à l'amiable ; s'il y avait discussion, le Cadastre serait appelé et prononcerait.

La *Fixité* conduirait au *Rachat de la contribution foncière* , cette autre source d'améliorations et de richesses pour l'agriculture ; cet admirable et incalculable moyen de Crédit public.

Je ne fais qu'énoncer ces deux vues de haute administration financière et d'économie politique. Les téms , pour mettre la seconde surtout à exécution , ne sont pas encore arrivés. Jetés au vent des discussions, ces germes salutaires de félicité publique, long-tems ballotés par les préjugés, tomberont peut-être un jour dans le cœur d'un homme d'Etat, homme de bien, sensible aux maux de ses Concitoyens ; dans ce terroir si précieux, ils prendront racine, et porteront des fruit abondans de prospérité et de richesses.

Si , dès à présent, on prononçait la *Fixité de la contribution foncière*, il existerait, même après la répartition des 5o millions de dégrèvement, des Contribuables qui ne paieraient que le *vingtième*, le *cinquantième* , le *centième* du revenu de leurs terres.

Ce n'est un mal que lorsque d'autres paient dans une trop forte proportion ; et lors même que ces contingens trop faibles seraient un mal réel, il est si peu répandu, que le Cadastre perd son tems et ses peines à en poursuivre la réparation.

Le mal fréquent, grave, incalculable, c'est qu'une multitude de Propriétaires paient le *quart*, le *tiers*, la *moitié* et plus de leurs revenus. A ce mal, il est urgent de remédier, sans attendre l'*interminable* Cadastre ; on ne peut trop tôt soulager les Propriétaires obérés.

Cinquante millions libres, disponibles dès 1819, pour une réduction de la contribution foncière, donnent le moyen de faire disparaître les surcharges ; je ne dis pas dans la répartition entre les départemens, mais entre toutes les communes et tous les particuliers.

Pour y parvenir, *il faut que tous les départemens aient part à ce dégrèvement*; car, je l'ai déjà dit, dans le département le moins imposé, il y a des particuliers surchargés.

Cette répartition me semblerait devoir être réglée sur la proportion combinée du principal de la contribution foncière avec le revenu imposable de chaque département. Cette proportion serait également appliquée dans chaque département entre les arrondissemens, les communes et les particuliers. Nulle part on n'appliquerait une réduction simplement proportionnelle aux contributions, mais on prescrirait des dispositions d'une exécution prompte et facile, pour que ce dégrèvement fût distribué dans chaque département aux contribuables surchargés.

L'emploi de ce vaste fonds de dégrèvement, cinquante millions, fait avec discernement, ferait partout disparaître les surcharges. On arriverait dès l'année prochaine à une répartition dans laquelle, je le répète, il se trouverait sans doute encore des contribuables ménagés, ce qui n'est pas un mal ; mais dans laquelle il n'existerait plus dans aucun département, dans aucune commune, aucun contribuable surtaxé, seul mal réel de la répartition, le seul auquel l'on doive chercher à remédier.

Je vais essayer la *Répartition* de ces 50 millions entre les départemens. Pour éviter toute discussion, je prends pour bon le travail du Ministère des finances, et les deux Tableaux à la suite du Budget (p. 154 à la fin). Sans doute les évaluations qu'ils contiennent ne sont pas exemptes de défauts, et il n'est pas un seul des départemens indiqués comme ménagés, et devant être augmentés, qui ne réclamât et ne s'efforçât de démontrer la légèreté, l'inexactitude, la fausseté des renseignemens et des calculs. Mais lorsqu'il ne s'agira que de diminuer partout la contribution foncière, il n'y a aucun département qui ne préfère adopter ces tableaux, même avec leurs imperfections, plutôt que d'ajourner la répartition des dégrèvemens pour chercher des bases plus certaines.

J'adopte donc ces tableaux, et je divise les départemens en *six classes*, suivant la proportion du principal actuel de la Contribution foncière avec le Revenu imposable.

La Ire. *classe* est composée d'un seul département, celui de la Seine; il est le seul dans lequel la contribution foncière soit portée au *tiers* du revenu avec les centimes additionnels. On ne peut lui contester de droit à un dégrèvement du *tiers* du principal, après lequel sa contribution avec les centimes additionnels, sera encore du *cinquième* du revenu.

La 2e. classe, composée de 9 Départemens, dans lesquels le principal de la contribution foncière s'élève du 6e. au 7e., aurait droit au dégrèvement d'*un quart*, et ainsi de suite en suivant une progression de décharge décroissante avec la proportion de la contribution foncière au revenu imposable. (*Voir le tableau.*)

TABLEAU du dégrèvement de CINQUANTE MILLIONS résumé par classe.

CLASSES. (1)	NOMBRE des départemens. (1)	PROPORTION du principal de la contribution au revenu.	PRINCIPAL actuel.	DÉCHARGE.			TOTAL du dégrèvement.
				Proportion.	En principal.	66 centimes additionnels.	
1re.	Paris.	Le 5e.	9,536,000	1 tiers.	3,000,000	2,000,000	5,000,000
2e.	9.	du 6e. au 7e.	24,760,000	1 quart.	6,000,000	4,000,000	10,000,000
3e.	20.	du 7e. au 8e.	42,988,000	1 cinquième.	8,000,000	5,334,000	13,334,000
4e.	30.	du 8e. au 9e.	56,647,000	1 sixième.	9,000,000	6,000,000	15,000,000
5e.	17.	du 10e 11e 12e.	29,005,000	1 neuvième.	5,000,000	2,000,000	5,000,000
6e.	9.	du 13e 14e 15e.	9,780,000	1 dixième.	1,000,000	666,000	1,666,000
	86.		172,716,000		30,000,000	20,000,000	50,000,000

Une somme de 5o millions distribuée en dégrèvemens dans tous les départemens, dans tous les hameaux, porterait le soulagement, la joie, la reconnaissance dans l'âme de tous les Cultivateurs.

Cette rosée bienfaisante répandrait l'abondance dans les campagnes; ferait le bonheur de ceux qui seraient dégrevés, de leurs familles, de leurs amis; elle porterait la satisfaction et le calme chez ceux mêmes qui étant peu imposés, n'auraient pas de part à ce dégrèvement : car il ferait cesser pour tous les menaces du Cadastre et du *rappel à l'égalité proportionnelle.*

L'avenir n'offrirait plus d'autre chance que celle de la diminution des centimes additionnels.

Les Propriétaires se livreraient avec sécurité, avec ardeur à la culture; ils verseraient sur leurs terres des

---

(1) *Liste des Départemens rangés, suivant les six classes du Tableau.*

1re. Classe. — Département de la Seine, Paris.

2e. Classe. — Alpes (basses), Aveyron, Corrèze, Eure, Eure et Loir, Hérault, Loiret, Marne, Seine et Oise.

3e. Classe. — Aisne, Allier, Ardennes, Aude, Cantal, Charente, Creuse, Garonne (haute), Indre et Loire, Loir et Cher, Loire, Lot et Garonne, Maine et Loire, Sarthe, Somme, Seine-inférieure, Seine et Marne, Deux-Sèvres, Vienne (haute).

4e. Classe. — Alpes (hautes), Aube, Calvados, Charente-inférieure, Cher, Côte-d'Or, Dordogne, Drôme, Gers, Indre, Isère, Landes, Lot, Manche, Marne (haute), Meurthe, Meuse, Morbihan, Moselle, Nièvre, Oise, Orne, Puy-de-Dôme, Pyrénées-orientales, Saône et Loire, Tarn, Tarn et Garonne, Vendée, Vienne, Yonne.

5e. Classe. — Ain, Côtes-du-Nord, Doubs, Finistère, Gard, Ille et Villaine, Jura, Loire (haute), Loire-inférieure, Lozère, Nord, Pas-de-Calais, Rhin (bas), Rhin (haut), Rhône, Saône (haute), Vosges.

6e. Classe. — Ardèche, Arriège, Bouches-du-Rhône, Corse, Gironde, Pyrénées (basses), Pyrénées (hautes), Var, Vaucluse,

Capitaux, sources de fertilité, sans craindre que la contribution vint les leur enlever ; ni qu'une surcharge les punit de leurs dépenses et de leurs succès, comme d'un délit.

Contresens administratif qui repousse les entreprises agricoles en distribuant des primes d'encouragement à la paresse, et en infligeant des amendes au travail.

Le devoir ni l'intérêt du Gouvernement ne sont pas de ruiner le cultivateur laborieux et habile, au profit du fainéant ou du maladroit.

Dans quelles circonstances fut-il plus juste, plus nécessaire d'accorder une réduction de Contribution foncière, que lorsque le prix des grains est tombé, dans beaucoup de pays, au-dessous des frais de production, et menace de baisser encore ?

Les Proprétaires ont perdu la plus grande partie de leurs revenus, et les Fermiers tous leurs profits, et cependant l'impôt, *la part du Trésor*, est restée la même ; bien plus, elle a doublée ou triplée.

Le Trésor devient, par l'Impôt foncier, un véritable *Copropriétaire* ; mais de tous, le plus incommode pour le Cultivateur. Il prend une somme fixe, formant une quotité *supposé* du revenu *présumé*. Il en résulte, pour les terres *surtaxées*, que dans *les années de bas prix*, l'Impôt enlevant trois ou quatre fois plus de fruits, ne laisse rien pour le revenu du Propriétaire et pour les profits du Fermier. Dans les *mauvaises récoltes*, il reste à peine au Cultivateur, après avoir nourri sa famille, ses charetiers, ses bergers, ses moissonneurs, ses batteurs, ses chevaux et ses troupeaux, assez de grains à vendre pour payer son Impôt.

Ainsi, dans les années de bonne et de mauvaise récolte, tous les Propriétaires taxés, depuis le *quart* et au-dessus de leur revenu moyen, sont en perte : ils n'obtiennent quelque revenu, et les Fermiers quelque profit que dans les années moyennes pour l'abondance et pour les prix. Il y a donc non-seulement justice, mais urgence, à accorder un dégrèvement dès 1819.

Ce dégrèvement sera pour l'Agriculture, le plus efficace des encouragemens; il contribuera à diminuer les disettes, et à empêcher les famines, bien plus efficacement que les achats au dehors, et que les primes d'importation qui découragent l'Agriculture, ruinent les Propriétaires et appauvrissent le Royaume; et qui, en remédiant au fléau présent, en préparent le renouvellement, et en hâtent le retour avec aggravation croissante.

Un admirable résultat de ce dégrèvement serait de créer comme par enchantement un *Capital* de plus d'*un milliard*; de le distribuer entre tous les Propriétaires, d'accroître leur fortune particulière, et d'augmenter la richesse nationale de cette somme prodigieuse.

Un des plus grands maux que cause la contribution foncière, c'est la destruction, l'anéantissement du *Capital représentatif* de la partie du revenu foncier absorbée par la contribution.

270 millions du revenu foncier absorbés par la contribution foncière, représenteraient *à quatre pour cent, un Capital de sept millards*. Ce Capital est perdu, détruit pour les Propriétaires comme pour l'État.

Dans le prix d'une terre ou d'une maison, on ne calcule que le revenu net au denier 20 ou au denier 25. Retrancher à ce revenu net, 5000 fr., par exemple, par une augmentation de contribution, c'est enlever au Propriétaire un Capital de 100 *mille* francs qu'il avait fourni de ses deniers, qui formait son patrimoine, qui était le gage de ses créanciers.

Injustice odieuse et destructive, qui n'est pas compensée par la prétendue justice rendue à un autre Propriétaire dégrèvé.

Celui-ci a hérité ou acheté récemment sa propriété d'après son produit net; il n'a droit à aucun dégrèvement. Cet autre est propriétaire et surtaxé depuis l'origine : un dégrèvement lui est dû; mais ce ne peut être aux dépens d'autrui.

Toutes les propriétés sont sacrées, inviolables ; le Gouvernement n'a pas le droit de prendre à l'un pour donner à l'autre.

Le *rappel à l'égalité proportionnelle* est aussi équitable que *la Loi agraire*, et la justice *Cadastrale* ressemble à la confiscation, au vol.

Mais lorsqu'il s'agit d'une réduction d'impôts, on peut tendre sans injustice vers l'égalité proportionnelle, car il n'y a pas injustice à ne pas donner. Les principes d'une sage administration prescrivent alors de soulager les Propriétaires obérés. On ne leur rend pas seulement un revenu qui augmente leur aisance ; mais on crée, on leur distribue un *Capital* qui les enrichit, sans faire tort à personne.

Je le répète, en diminuant la Contribution foncière de 5o *millions*, on enrichira la France d'un *Capital* de UN MILLIARD 25o MILLIONS.

CHAPITRE VII.

Réduction de CINQ MILLIONS,

Sur l'imposition foncière de la VILLE DE PARIS.

Honoré du titre de Magistrat municipal de la ville de Paris, je ne terminerai pas un écrit sur le Budget, sans rappeler les droits des Propriétaires *parisiens* à une décharge d'impot foncier au moins de 3,000,000 en principal, et de 5,000,000, avec les 66 centimes additionnels : cette tâche est facile.

Le Conseil municipal de la ville de Paris réclame vainement tous les ans , depuis plusieurs années , auprès du Ministre des finances, une décharge sur la Contribution foncière. Cette année, il a fait imprimer un excellent Mémoire , rédigé par un de ses [Doyens, dans lequel la surcharge exorbitante [de la ville de Paris est portée au dernier degré d'évidence.

Ce Mémoire sera trop peu répandu, tant qu'il ne sera pas dans les mains de tous les Propriétaires de Paris, comme le code de leurs droits à une réduction d'impôts, comme une preuve de la sollicitude de leurs Magistrats et de leurs efforts continuels, mais impuissans , pour faire rendre à la ville de Paris , la tardive justice qui lui est dûe.

Je ne puis mieux faire que d'extraire les résultats de ce Mémoire , et d'en développer les motifs.

Le taux de l'imposition foncière à Paris , s'élève dans les cantons cadastrés , à 32 centimes du revenu : ensorte qu'à Paris , le Propriétaire d'un revenu de 3,125 fr.

paye 1000 fr. de contribution foncière , quand son revenu n'est pas surévalué , et quand il n'est pas surchargé.

Cette proportion du *tiers* du revenu , est à Paris le *terme moyen* de la contribution foncière : beaucoup de propriétaires payent davantage.

Le Cadastre a constaté cette surcharge excessive ; elle est reconnue par le Ministère des finances ; son origine remonte à la répartition première. D'après les rôles des *vingtièmes* , la matière imposable de la ville de Paris était de 43 *millions* : elle fût arbitrairement supposée en 1791 , de 65 *millions*.

Les travaux du Cadastre portent le revenu imposable de la France à . . . .   1,323 millions.

Le revenu imposable de Paris à . . . .   42,000,000.

Le principal de la Contribution foncière est fixé à. . . . .   172,000,000.

La Contribution de Paris devrait être de. . . . .   4,900,000.

Elle est au principal de. . . . .   8,500,000.

Paris paye avec les centimes additionnels. . . . . 14,100,000.

La surcharge est donc au principal de. . . . .   3,600,000.

et avec les centimes additionnels de. 5,600,000.

Le Cadastre a eu soin dans les pays notoirement *ménagés* , d'affaiblir ses évaluations , afin de ne pas exciter de trop fortes résistances par de trop fortes augmentations. C'est ainsi qu'il n'a trouvé que 1,323 millions de revenus foncier, quoi qu'il soit universellement reconnu que le revenu net de la propriété foncière est en France, de 16 à 18 cent millions.

Dans les pays notoirement *surchargés* , le Cadastre au contraire , s'est donné libre carrière , et a estimé très-chèrement pour atténuer les réductions trop fortes

Les Propriétaires loin de s'y opposer, se montraient disposés à consentir à toute évaluation, qui leur laissait espérer une réduction, ou qui les mettait à l'abri d'augmentation ; seul bienfait que tout Propriétaire, homme de sens, attende du Cadastre.

Quand le Cadastre vante la douceur de ses évaluations, il a raison pour la plus grande partie de la France. Mais cette douceur même est une cause d'inégalité et de surcharge, pour les Propriétaires qui se plaignent d'avoir été surévalués, et qui ont doublement raison.

Le Cadastre n'a su tenir la balance égale, ni entre les contribuables, ni entre les communes, et cela était au-dessus des forces humaines. Comment pourrait-il tenir la balance entre les cantons et les départemens ? il ne peut que substituer à des inégalités produites ou consacrées par le tems, et dont l'injustice était effacée, des inégalités nouvelles, ouvrages des hommes, qui ont tous les caractères, tous les effets d'injustices réelles et récentes.

Dans la ville de Paris, surtout, les estimations cadastrales ont été exagérées, et ont excité des plaintes vives et multipliées ; cependant la surcharge était tellement forte, tellement évidente, que le Cadastre n'a pu, malgré ses précautions, se refuser à reconnaître cette surcharge pour plus de *cinq millions*.

Il existe un autre travail fait avec le plus grand soin par une réunion d'hommes instruits, capables et désintéressés ; familiers avec les élémens de la Contribution foncière, et avec l'exécution du Cadastre, ils étaient pour la plupart étrangers à son organisation, à ses préjugés, à ses intérêts : et ils ont pu échapper à ses erreurs et à ses fautes. Ce travail, fait en pleine connaissance de cause et avec impartialité, est bien plus favorable à la ville de Paris.

Les Commissaires spéciaux ont estimé le revenu foncier de la France à 1,626 millions, au lieu de 1,323 millions, évaluation affaiblie par le Cadastre.

D'après la base de 1,626 millons, le contingent de la ville de Paris devrait être, en principal, de 4,500,000.

Paris paye, en principal. . . . . 8,500,000.
Et avec les centimes addition-
nels . . . . 14,100,000.

La surcharge réelle est, en
principal, de . . . . 4,000,000.
Et au total de . . . . 6,600,000.

Cette effroyable surcharge dure depuis et compris 1791, depuis 28 ans, pendant lesquels les Parisiens Pro_priétaires ont payé au-delà de leur contingent proportionnel. . . . . 185 millions ! ! !
Et en calculant au plus bas . . . . 125 millions ! ! !

Le Cadastre promet, il est vrai, le redressement de cette disproportion dans 25 ou 30 ans; à une époque où Paris aura payé de trop. . . . 300 ou 400 millions ! ! !

Jusqu'ici, nous avons raisonné et calculé dans la supposition que la *matière imposable* de la ville de Paris était de la même nature que celle des autres départemens; tandis qu'elle est de la nature la plus désavantageuse et la plus précaire.

Le Revenu des *terres* est constant, et tend sans cesse à augmenter; leur valeur croît chaque jour.

Chaque jour au contraire les *maisons* perdent de leur valeur. Les prix des loyers sont variables, incertains, et ont diminué dans tous les quartiers que la mode ne favorise pas : ils forment les trois quarts de Paris. Dans l'autre quart, chaque construction, chaque amélioration , chaque augmentation de loyer , amène une augmentation de taxe.

Une Terre est une propriété indestructible, éternelle.

Une maison est une propriété viagère.

Le Revenu d'une terre est une production, un accroissement aux richesses publiques et particulières.

Le loyer d'une maison est une dépense , une consommation.

Dans les tems de disette et de cherté , le Propriétaire de terres peut se réfugier et se nourrir sur son domaine ; il peut louer en nature , vivre de ses fruits , ou les vendre plus cher.

Le Propriétaire de maisons voit ses loyers rester fixes ou diminuer , quand tous les objets de consommation qu'il doit acheter , triplent et quadruplent. Tous les fléaux du ciel , toutes les fautes du Gouvernement , tous les malheurs publics et particuliers tombent sur lui , sans ménagement et sans compensation ; et , si dans sa détresse il est réduit à habiter les décombres de sa maison , pendant qu'il y meurt de faim , la Contribution acharnée à sa perte , vient lui enlever ses meubles , et lui disputer les démolitions du toît paternel.

Cette triste peinture n'est pas d'imagination. Que l'on parcourt les vastes quartiers du Marais , du Temple , des Gravilliers , Picpus , l'Ile St.-Louis , etc. , etc. ; on y verra maints exemples de maisons en ruine, sans locataires , habitées par des Propriétaires hors d'état de les réparer , et disputant leurs meubles aux Percepteurs des Contributions.

Dans les quartiers habités , même dans les beaux quartiers , le Propriétaire parisien , écrasé par les réparations , par les non-valeurs , par les Contributions , et responsable de celles de ses locataires , n'est plus que

Percepteur du Gouvernement et le tributaire des archi-
tectes. Tout son revenu va s'engloutir dans les coffres de
l'État, et dans les carrières de la banlieue : trop heureux
quand ses autres capitaux n'y sont pas entraînés par des
reconstructions ruineuses.

Ces anciennes familles Parisiennes, cette Bourgeoisie
considérée, riche et vertueuse, soumise et dévouée à ses
Rois, idolatre de ses Princes, grave, austère dans ses
mœurs, mais un peu vaine ; tantôt refusant l'alliance de la
noblesse, tantôt courant après l'anoblissement ; ces pépi-
nières de Citoyens utiles et laborieux, de Magistrats incor-
ruptibles et vraiment indépendans, sont presque détruites.

Depuis trente ans, la Contribution foncière mine sourde-
ment dans leurs bases les familles Parisiennes Propriétaires de maisons. Chaque jour, des Propriétaires, rui-
nés par les contributions, tombent dans la misère, et
leurs familles s'éteignent, ou se perdent dans la classe
des prolétaires.

D'autres familles, il est vrai, s'élèvent ; mais si, en-
traînées par les habitudes parisiennes, par l'amour de la
propriété, par l'agrément et la vanité d'avoir ses biens
autour de soi, elles fondent imprudemment leur fortune
sur des propriétés urbaines ; non-seulement on peut leur
prédire qu'elles ne passeront pas à la seconde génération ;
mais souvent le Chef de famille voit, dans ses vieux jours,
le fruit des travaux de sa jeunesse, des économies, des
privations de l'âge mûr, dévoré par les contributions,
par les réparations, par les reconstructions, etc., et s'il
ne survit pas à sa fortune, elle périt immanquablement
entre les mains de son fils

Acheter des maisons à Paris est une imprudence, y bâ-
tir est une folie : toujours punies l'une et l'autre par une
riune plus ou moins prompte.

La Propriété foncière est devenue à Paris d'une effrayante mobilité, et cette mobilité est une nouvelle cause de ruine. A chaque mutation, des droits d'enregistrement excessifs dans leurs tarifs, exorbitans dans le calcul de la perception, prélèvent, non pas *sept ou huit pour cent*, taux le plus élevé que l'industrie fiscale puisse arracher sur les terres en forçant les estimations ; mais 15, mais 20, mais 25 *pour cent* et au-delà. Ces maisons délabrées et sans locataires, lorsque le Propriétaire trouve enfin à les vendre, fut-ce pour les démolir, sont traitées par la Régie de l'enregistrement comme des maisons neuves et transformées en magnifiques hôtels. Le rôle des contributions devient la base d'une estimation fantastique qui est frappée d'un droit réel. Parce que votre maison est surtaxée, parce que vous payez chaque année le double de ce que la justice devrait vous imposer, vous supporterez des droits de vente et de succession triples et quadruples. La loi imposait *six pour cent* de la valeur réelle, et parce que votre maison et votre fortune sont en ruines, la Régie exige 25 *pour cent* du prix de vente.

Encore si Paris, si cruellement maltraité par la Contribution foncière, eut été ménagé par la Contribution *mobiliaire* ; mais il n'en est pas ainsi !

Le Conseil municipal n'a cessé de réclamer ; il a fait imprimer un autre Mémoire, dans lequel il démontre que Paris paye le *quart* de la Contribution mobiliaire de la France ; que dans les départemens la Contribution mobiliaire est par tête de 2 fr. 46 c., tandis qu'elle est à Paris de 25 fr. 79 c. par tête, ou décuple. Différence incroyable, mais certaine : il en conclut qu'une décharge de 1,700,000 fr. sur le principal de 3,800,000 fr. ne peut être refusée. Conclusion assurément très-modérée : cependant il n'a rien obtenu.

Cette surcharge retombe sur les Propriétaires parisiens ; car la Contribution mobiliaire, étant proportionnelle aux loyers, on loue moins cher un appartement, qui fait supporter une forte contribution.

La Contribution mobiliaire, telle qu'elle était organisée à Paris, était le véritable *impôt des maisons*, le percevoir en sus de l'impôt foncier était un double emploi incontestable.

Chaque année, 60,000 cotes irrécouvrables, et 26,000 réclamations entraînaient *douze à quinze cent mille francs de non-valeurs*. La nécessité d'une décharge au moins égale en pouvait être mieux démontrée : au lieu de l'accorder, le Gouvernement, en 1805, reporta la totalité de la Contribution mobiliaire sur l'Octroi, ensorte que Paris a, depuis 1805, paié *de plus*, 1,500,000, qu'il avait jusqu'alors été imposible de percevoir.

Cette augmentation très-réelle est encore retombé sur les Propriétaires : ils ont ressenti le contre-coup de l'augmentation du tarif de l'octroi ; car dans une ville où les objets de consommation sont frappés de taxes très-élevées, le prix des loyers baisse nécessairement.

Le mal est grand ; mais il est moins grave, moins direct que celui de la Contribution foncière, auquel il faut exiger qu'il soit remédié dès cette année.

Ces Financiers présomptueux et ignorans, qui renversèrent d'un soufle tout l'édifice de l'ancienne finance, ont assimilé les *maisons* aux *terres* ; et parce qu'aux yeux du jurisconsulte, ces deux espèces de biens sont des *immeubles*, ils les ont soumis aux mêmes régles d'évaluation, à la même contribution foncière, aux mêmes droits de mutation ; ils les ont placés sur le même rang dans le code financier, et dans le code civil.

, La seule différence admise, la déduction du quart pour les réparations, est insuffisante à Paris.

.. L'erreur était grave, les suites en sont déplorables ; on doit craindre qu'elles ne soient éternelles. L'Administration au lieu de songer à réparer cette erreur, l'a convertie en principe, et le Cadastre la consacre chaque jour. Je ne discuterai pas ici les vrais principes sur *l'Impôt des maisons* ; le Conseil municipal ne les rappelle que comme des considérations ; il n'en fait pas la base de ses réclamations ; il demande seulement que le Proprié-taire de *maisons* ne soit pas plus maltraité que le Pro-priétaire de *terres* ; que l'impôt sur les maisons de Paris, sur les ruines du Marais, ne soit pas plus fort que sur les châteaux de la Brie, les fermes de la Beauce, les her-bages, les vergers, les vignobles et les forêts de la Nor-mandie, de la Bourgogne, de la Champagne, etc.

Comment se fait-il que la ville de Paris, surchargée depuis 28 ans., en réclamation chaque année, n'ait obte-tenu aucun dégrèvement ? On ne peut accuser le zèle de ses Magistrats : ils ne se sont pas lassés de faire d'inutiles réclamations ; mais peut-être n'ont-ils pas donné assez de publicité à leurs demandes, assez d'éclat à leurs plain-tes. Cette année seulement, ils se sont décidés à faire im-primer un Mémoire, et à peine en soupçonne-t-on l'exis-tence : aucun journal n'a osé en rendre compte.

Il semble que les Ministres des finances, effrayés de la justice des réclamations de Paris, aient voulu les étouf-fer par des promesses annuelles, par des promesses tou-jours ajournées. Le tort véritable du Conseil municipal est de s'être fié à ces promesses ministérielles.

, Parvenu au moment où un dégrèvement de 50 *mil-lions* est non-seulement facile et juste, mais nécesssaire, *irréfusable* ; sans doute, il sera permis à la ville de Pars de faire entendre ses réclamations ; sans doute , elle doit espérer qu'elles seront accueillies , lorsqu'elle borne sa demande à *trois millions* de diminution en principal, ce qui laissera encore son contingent *au taux le plus élevé des départemens les plus imposés.*

Sans doute, si ses droits à une réduction étaient contestés ou méconnus, ses Députés rompraient enfin le silence, et prendraient la défense des Propriétaires Parisiens. Ils solliciteront la réduction de la contribution foncière de Paris avec autant de chaleur que la répartition de la réserve de la Banque, que l'abolition des droits sur le coton , que les prohibitions des fils et des tissus étrangers. Ils prendront pour modèle la résistance des Députés du Midi contre l'impôt sur l'huile , et tout récemment , le courage avec lequel les Députés de l'Alsace et de la Flandre ont combattu le Monopole des tabacs , et exigé le transit.

La cause de la ville de Paris est plus juste , plus facile à défendre et à faire triompher ; elle est commune à tous les départemens surtaxés. Il est vrai que l'Alsace avait confié ses intérêts à des Alsaciens , le Midi à des Provençaux et à des Languedociens. Si tous les Députés de Paris ne sont pas Parisiens de naissance , ils sont tous Parisiens d'habitude et de reconnaissance. Ils se montreront animés de zèle pour les intérêts d'une Ville qui les a choisis pour veiller avant tout aux intérêts publics ; mais aussi pour soigner ses intérêts particuliers.

Paris, où ils ont prospéré , et qui les a élus , ne sera pas moins cher à leurs cœurs que Bayonne , Grenoble , Sédan , etc. , etc., qui les avaient oubliés. Ils se souviendront tous qu'ils ne sont pas seulement les Députés de la Banque et du Commerce , mais aussi les Députés de plusieurs milliers de Propriétaires.

Leur zèle sera animé par cette pensée, qu'il ne s'a-
git pas seulement de restituer aux Propriétaires de
Paris un *revenu de cinq millions*; mais un *Capital* éf-
fectif de *cent millions*; car la suppression de *cinq millions* d'imposition doit augmenter le prix des maisons dé
CENT MILLIONS.

Après 28 ans de deni de justice, après 200 millions de
payement au-delà des impôts réellement dus par la ville
de Paris, ses Députés ne doivent négliger aucun moyen
d'obtenir enfin un dégrèvement. Une circonstance les favorise : huit voix sont, par le tems actuel, d'un tel poids
dans une majorité ministérielle, que si les Députés de
Paris déclarent hautement, et tel est leur devoir envers
leurs commettans, qu'ils ne consentiront au Budget que
s'il accorde *trois millions* dé dégrèvement en principal à
la ville de Paris, il ne peut être douteux que ce dégrèvement sera accordé. On devra leur savoir gré de différer à l'année prochaine la demande d'une réduction de
1,700,0000, sur le principal de la Contribution mo-
bilaire.

Sans recourir à cette extrémité, Paris obtiendra sans
doute, de la seule force de ses droits, une réduction
d'impôt foncier. Les Parisiens la devront aux réclamations constantes et répétées des Membres du Conseil municipal, au zèle des Députés de Paris, à la justice des
Chambres, et à la situation prospère des Finances.

Pourquoi faut-il que ni la France, ni Paris, ne doivent ce dégrèvement de 50 millions à l'initiative du Gouvernement et du Ministre des finances ?

Pourquoi l'habitude de pressurer les Contribuables,
la crainte d'alléger leur fardeau, la manie d'accumuller
l'argent pour se procurer une administration donce et fa-

cile, ont-elles fait écarter cette proposition toute paternelle, et dès-lors toute royale ?

Pourquoi, ou la dissimulation ou l'ignorance de la véritable Situation des finances, ont-elles fait représenter comme insuffisantes, des Ressources surabondantes ; et comme épuisées, des Caisses qui regorgent d'argen t, et ont-elles retardé et affaibli les élans de la reconnaissance nationale ?

Mais peu importe comment le dégrèvement de 5o *millions* sera advenu. Dès qu'il aura été accordé, un cri de joie s'élèvera vers le Trône, et la reconnaissance nationale ne se méprendra pas ; elle se reportera vers le Roi, comme à la véritable source de tous les biens, de toutes les prospérités, qui commencent à se répandre sur la France. Quoi de plus juste ? puisque, sans le retour du Roi, les Propriétaires n'eussent jamais eu d'autre espoir que de voir croître la Contribution foncière.

En contemplant *la Situation au vrai des Finances*, les Citoyens de tous états, doivent se dire : « elle est l'ou-
» vrage du Roi : si elle lui eût été ainsi présentée, sa pre-
» mière pensée eût été le soulagement de ses enfans, et son
» cœur eût tressailli d'allégresse en ordonnant un dégrève-
» ment de 5o *millions* sur la Contribution foncière. »

Prenons espérance : si ces débats parviennent jusqu'au Roi. il sera ému de pitié pour sa *bonne ville de Paris* et pour tous les Contribuables *surtaxés* ; il enjoindra à son Ministre des finances d'être assez compâtissant pour ne pas refuser tout soulagement ; il lui ordonnera d'être assez habile pour égaler la décharge aux surtaxes, pour porter le DÉGRÈVEMENT à CINQUANTE MILLIONS.

CHAPITRE VIII.

36 Doutes et Questions

Sur les Comptes et sur les Budgets.

Oportuit.... illa non omittere.
Il ne fallait pas faire d'omissions.

En parcourant les Comptes et les Budgets, j'avais aperçu plusieurs différences qu'au premier coup-d'œil on aurait pu prendre pour des omissions ou des erreurs ; j'espérais qu'une lecture plus réfléchie ferait disparaître mes *Doutes*.

J'ai été fort surpris et un peu confus de la résistance souvent victorieuse, que les Comptes et les Budgets de cette année ont opposé aux efforts de mon intelligence financière, exercée par vingt années de travaux. Dans ma présomption, je croyais mon apprentissage terminé, et ne pouvoir être embarassé que par l'inexactitude et le désordre de la Comptabilité. Je n'ose prononcer que tous les torts sont au Budget : mais je ne puis les prendre tous sur moi. J'avais fort bien entendu les Budgets des années dernières, et je crois même avoir démontré assez clairement que les erreurs reprochées au Budget de 1818 n'y existaient pas. (*Errata de quelques brochures sur les finances* 1818).

J'étais prêt à en dire autant du Budget de 1819, et je l'ouvris dans cette confiance : mais trouvant l'ordre des États et la méthode des Comptes entièrement changés et bouleversés, les *balances par exercice* supprimées, les Comptes de *gestion* et d'*exercice* bizarement amalgamés et confondus, comme si le génie des innovations et du désordre eut soufflé sur les chiffres et les eut rangés au hasard, je fus long-tems avant de m'y reconnaître.

J'avoue, à ma honte, qu'il est beaucoup d'articles dont une étude très-approfondie n'a pu me donner l'explication ; j'ai pu me tromper sur d'autres ; les traiterai-je d'erreurs, d'omissions, de doubles emplois, de contradictions ?

Ferrai-je les *errata* du Budget de 1819 ?

J'ai été élevé dans le respect des Budgets. J'exposerai mes scrupules en conscience ; je dirai mes incertitudes avec modestie, et je présenterai avec simplicité des *Doutes* au lecteur. Je le mettrai sur la voie de la solution, et je lui laisserai le soin de conclure et de qualifier chaque *anomalie*.

Un Budget fourmillant d'erreurs, de doubles emplois, d'omissions, serait une très-notable *innovation* : car il faut reconnaître que les trois derniers Budgets en 1816, 1817 et 1818, ont été présentés avec assez de franchise, et avec une parfaite exactitude. Ce témoignage n'est pas suspect de ma part : mais je dois reconnaître ce mérite ; car il fut le principal et presque le seul dont on pût louer ces Budgets.

Quant au Budget de 1819, j'attendrai pour louer son exactitude et sa franchise, que mes *doutes* aient été levés ; comme pour nous féliciter de sa commisération pour les Contribuables, il faut attendre que des diminutions d'impôts y aient été introduites, et que des réductions de dépenses aient été faites, pour vanter son économie. J'ajourne mes éloges, et j'expose mes *doutes*.

Ier IIe. III. IVe. Ve. et VIe. DOUTES,

Sur les FRAIS de NÉGOCIATIONS de 1818 et 1819.

PREMIER DOUTE. Les FRAIS de NÉGOCIATIONS en 1819, sont-ils diminués ou augmentés ?

Le chapitre XIII (6e. vol. , p. 102), frais de négociations, n'est que de .... 7,596,000.

Cette dépense fut , en 1817 et 1818 , de 22,000,000. Mais ne nous pressons pas de conclure.

Le Discours (p. 7) et le Rapport (p. 16 et 17) nous apprennent que deux parts ont été faites des Frais de négociations , et que sous le titre d'*Intérêts de la Dette flottante* , il est demandé (p. 98) un autre crédit de 10,317,000.

Si nous réunissons le Chap. IV avec le Chap. XIII, qui l'année dernière ne faisaient qu'un , nous trouverons un total de 17,913,000.

J'avais tout lu sur les Frais de négociations , et j'avais cru pouvoir conclure qu'ils étaient diminués de *quatre millions.*

Je n'y pensais plus , lorsqu'en examinant les *Frais de perception* des Contributions directes (p. 103), j'y découvris un article tout nouveau, intitulé : *Remises extraordinaires* aux receveurs : 4,500,000.

Je consultai les Discours : ils n'en disaient mot. Deux lignes glissées dans le Rapport, (p. 20), bien loin des Frais de négociations, m'apprirent que cette dépense était autrefois comprise dans les Frais de négociations. Pourquoi donc n'en avoir rien dit dans les quatre pages in-4°.

consacrées à ces Frais ? Pourquoi les avoir présentés comme séparés seulement *en deux* chapitres , puisqu'ils sont partagés *en trois* ?

J'avais cru à une réduction de 4 millions : beaucoup d'autres non moins confians s'en seront réjouis. Ce n'est pas bien d'induire les simples à erreur. Voilà donc qu'au lieu de 17,913,000 fr. , il faut mettre 22,413,000 fr.

Il y a donc sur les 22,000,000 de 1818 augmentation de 413,000 fr.

IIe. DOUTE. Les FRAIS DE NÉGOCIATIONS *ne sont-ils augmentés que de* 413,000 fr ?

En 1818 , il fut payé à la Banque , pour le service des arrérages de la Dette publique, une Commission d'un et demi pour cent sur 182 millions (3e. vol. p. 26). Cette dépense fut de 2,730,000.

En 1819 , il ne sera pas payé de Commission à la Banque. Le simple remboursement de ses frais (6e. vol. p. 102) ne sera que de 300,000 fr.

Il y aura donc économie de 2, 430,000.

La Dépense étant supprimée , pourquoi son montant n'est-il pas retranché du crédit ?

Se proposerait-on de l'employer autrement ?

Il y aurait donc sous une réduction apparente , augmentation très-réelle des Frais de négociations de 2,843,000.

IIIe. DOUTE. Les FRAIS DE NÉGOCIATIONS ne pourraient-ils pas être diminués ?

1°. Le premier retranchement à faire , serait celui du crédit, sans objet, pour Commission à la Banque 2,430,000.

2°. Seconde déduction : les intérêts du *déficit* chimérique de 48,900,000 fr. (p. 98) *deux millions.*

3°. Les Intérêts de la *Dette flottante* sont élevés (pag. 46 et 98) à 8,317,000 fr. montant de l'intérêt à 5 pour

cent des 176 *millions* (moins 500,000 fr.) : mais j'aper-
çois dans la Dette flottante beaucoup de fonds sur lesquels
le Trésor n'alloue pas d'intérêts, ou ne les paye qu'à trois
ou quatre pour cent.

Tels que les fonds des départemens, les traites du cais-
sier du Trésor, les traites des receveurs–généraux, les
correspondans dits administratifs, et divers autres.

Plus de 20 millions sans intérêts, ne motivent-ils pas
une réduction d'*un million* ?

Les fonds des Communes, les dépôts à l'ancienne
Caisse d'amortissement, etc... pour une vingtaine de
millions, ne portent intérêt qu'à *trois* ou *quatre* pour
cent. Le plus singulier serait de calculer des intérêts sur
4 millions de *Mandats* sur les receveurs. Le Trésor en
reçoit l'argent à l'avance. Ces *Mandats* procurent des
jouissances de fonds, et ne coûtent jamais aucun intérêt.
Sans doute, c'est sur ces articles que s'imputent les
500,000 fr. déduits : ne chicanons pas.

4°. Si les Chambres exigeaient une réduction de la
Dette flottante, et la diminution des encaisses, il serait
facile de soulager le Trésor des intérêts de 50, 60, 80
millions, et de procurer ainsi une réduction de dépense
de 3 à 4 millions.

5°. Aux receveurs – généraux 4,500,000 fr. (p. 103)
pour remises extraordinaires, outre 4,086,000 fr. de commissions (p. 102); outre 2,600,000 f. de taxations (p. 103);
outre 1,192,360 f. de remises (p. 95); outre 1,700,000 f.
d'intérêts de 34 millions de fonds particuliers (p. 46).

Est-il possible que les receveurs – généraux et particuliers ne coûtent à l'Etat que 14 millions, sans compter
les 15 millions aux percepteurs ?

Mais passons et récapitulons les économies certaines.

1°. Commission à la Banque , ...   2,430,000.

2°. Déficit chimérique de 49 millions.   2,000,000.

3°. Dette flottante sans intérèts , au moins. 1,000,000.

4°. Réduction des encaisses et de la Dette
flottante , quatre millions au moins . . . . . .   3,000,000.

Les Chambres ne peuvent-elles pas, sans
être trop exigeantes, diminuer de . . . .   8,430,000.

le crédit demandé pour frais de négociations, chap. IV ,
XIII et XIV ? Ils resteraient fixés à 14 millions.

Les Frais de négociations doivent se mesurer sur la
lenteur des recettes , *l'urgence* des dépenses , et *l'étendue* des unes et des autres. Jamais les recettes ne furent plus
rapides, jamais les dépenses ne furent moins urgentes. Je
suppose qu'en 1819 , les recettes seront aussi dificiles , et
les dépenses aussi urgentes qu'en l'an 12 , l'an 13 , 1809 ,
1812 , 1816 , et 1818 ; la concession est généreuse. Je
ne cherche la mesure comparative des frais de négo-
ciationsque dans *l'étendue* des dépenses. Voici l'année la
plus forte et l'année la plus faible des divers Ministres du
trésor et des finances.

	Paiemens.	Frais de négociations.
M. DE MARBOIS, { En l'an 12....	860 millions..	18,550,000
En l'an 13...	780	13,330,000
M. MOLLIEN . . (V. pour les détails, les *errata*, p. 51.) { En 1809....	840	8,750,000
En 1812. .	1,089	12,150,000
M. CORVETTO. . (y compris les frais de régie.) { En 1816. .	1,024	16,443,000
En 1818. .	1,154	21,855,000
M. LOUIS demande, En 1819, pr 889 mill . . .		22,413,000

Ce relevé parle aux yeux.

Le lecteur peut voir lequel de ces quatre Ministres fut le plus habile et le plus économe.

C'est aux Chambres à prononcer si 22 millions de Frais de négociations sont nécessaires en 1819 pour 889 millions de dépenses, quand les caisses sont pleines, quand 21,855,000 ont suffi en 1818 pour 1,154,000,000 de dépenses; lorsqu'en 1812, 1809..... Mais ne présentons pas des modèles trop difficiles à imiter.

IVᵉ DOUTE. Si 8 à 10 millions étaient retranchés aux Frais de négociations, le meilleur emploi à en faire ne serait-il pas LA SUPPRESSION *des* RETENUES sur les appointemens ?

Après avoir accordé 50 millions de dégrèvement sur la contribution foncière, aucun soulagement n'est plus juste, plus urgent, que la *suppression des retenues.* En 1816, je m'élevai contre leur adoption. (*Examen impart. p.* 5 *et* 6.) Elles ont été subies pendant trois années. Elles ont toujours été sans justice; elles sont devenues sans prétexte. Singulière manière d'administrer, que de frapper les agens du Gouvernement d'un impôt exorbitant, en sus de ceux que supportent les autres citoyens. Si l'administration est trop coûteuse, ce n'est pas la faute des Fonctionnaires: tant qu'ils y sont attachés, on doit payer leur traitement en entier, parce qu'il leur est indispensable pour vivre eux et leurs familles ; parce que des appointemens convenables sont nécessaires pour appeler et retenir dans les fonctions publiques des hommes probes, capables et zélés ; parce qu'il serait déraisonnable, barbare et dangereux de ne réserver aux agens du Gouvernement que le privilége d'être bafoués, réformés et mal payés. On ne leur doit rien ou bien peu de chose quand, jeunes encore, ils quittent leurs fonctions ; et c'est une autre injustice et un autre danger que de multiplier les réformes et de récompenser les retraites ; mais il faut leur assurer des appointemens suffisans et les payer intégralement, pour qu'ils fassent eux-mêmes leurs économies. Quant aux grands fonctionnaires, libre à eux de renoncer à la moitié de leur traitement s'ils se trouvent trop payés.

Rien n'est donc plus juste, plus urgent, que de *supprimer la retenue* sur les traitemens. L'excédant à retrancher sur le crédit des Frais de négociations en fournit le moyen. Les fonctionnaires et employés de tous rangs, déchargés de cette véritable exaction, devront des remercîmens, au Ministre des finances qui, sans doute, leur ménageait cette surprise pour la fin de 1819 ou pour 1821 ou pour 1825....

Quand il y a 227 millions d'actif, dont 140 dans les caisses et dans les portefeuilles du Trésor, on peut renoncer à 11 millions de retenues. Faut-il attendre qu'il y ait 300 millions de trop ? Ils y seront avant la fin de l'année.

Ve Doute. Comment les frais de négociations *de* 1818 *sont-ils augmentés* de 5 millions, supplément de crédit demandé ? (2e vol. p. 90).

L'état détaillé de ces Frais (4e vol. p. 260) est bien en effet de 21,855,000. Le crédit n'était que de 17 millions ; mais le Ministre de 1818, en bornant sa demande à ces 17 millions, comptait porter en atténuation les arrérages et les intérêts d'effets appartenans au Trésor. Ils se sont élevés à 4,142,000 (4e vol. p. 261.) En cela il se conformait à l'usage.

Son mécompte n'a donc été que de 713,000, et il

des remercîmens à faire au Ministre de 1819, qui lui a fait les honneurs d'un Supplément de crédit de 5 millions.

VIe DOUTE. *Que sont devenus les* 4,142,000 *d'arré-*rages et d'intérêts recouvrés en 1818 ?

On annonçait (4e vol. p. 261) que ces 4,142,000 fr. seraient portés en recette au Budget de 1818. Vainement j'ai cherché cette somme dans le tableau des recettes de cet exercice (2e vol. p. 47). J'allais conclure qu'elle avait été omise, et qu'il fallait l'ajouter aux recettes, quand le Budget de 1819 (6e vol. p. 45) vint m'apprendre que cette somme avait été *déduite des recettes* (dans lesquelles elle n'a jamais été comprise) et qu'il fallait la *déduire des restans à payer* (dans lesquels elle ne figure pas.)

DÉDUITE au lieu D'OUBLIÉE, soit : mais le Tableau dans lequel on déduit ces 4,142,000 n'étant pas voté par les Chambres, la déduction ne signifie rien. Si les 4,142,000 n'étaient pas expressément ajoutés au Budget des recettes de 1818, le Ministre ne s'en trouverait pas chargé en recette, et il serait possible que cette somme fut de rechef oubliée l'année prochaine.

VIIe VIIIe IXe et Xe DOUTES. Sur les EVALUATIONS des RECETTES du Budget de 1819 (voir chap. v.)

Les REVENUS INDIRECTS *et* DIVERS produiront-ils en 1819 *plus ou moins* qu'en 1818 ?

Le Budget répond tour-à-tour : OUI.... et NON.

Comment accorder ces deux réponses ? comment sortir de doute ? Divisons les questions :

VIIe DOUTE. *Comment* le Budget de 1819 *évalue-t-il* les produits indirects ?

J'ouvre les Budgets de 1818 et 1819, et je compare:
1°. ÉVALUATION des produits indirects pour 1819
(6e vol. p. 129.)

Enregistrement, domaines et bois..... 181,166,000.
Postes, 22,460,000, augmenté......
Loteries............................ 12,500,000.
Douanes et sels..................... 113,013,000.
Contributions indirectes............ 174,834,500.
Salines de l'est (p. 138)........... 2,500,000.
Recettes diverses (p. 138).......... 2,898,000.

L'estimation pour 1819, n'est que de 486,911,500.
2°. RELEVÉ des revenus indirects et divers de 1818,
(2e. vol. p. 47).

Enregistrement, timbre et coupes de bois 194,512,000.
Postes aux lettres, ... 21,736,000.
Loteries, ... 17,111,000.
Douanes et sels, ... 114,215,000.
Contributions indirectes, y compris les
poudres et salpêtres, ... 181,382,000.
Salines de l'Est, ... 3,013,000.
Recettes diverses, ... 3,154,000.
            PRODUITS en 1818... 513,587,000.
        ÉVALUATIONS pour 1819... 486,911,500.
Oserai-je affirmer que les évaluations
du Budget de 1819 sont-au-dessous des
produits de 1818, de .... 26,475,500?
Avant de demander s'il faut rétablir ces 26 millions au
Budget de 1819, informons-nous:

VIIIe. DOUTE. *Quels sont les motifs du Budget, pour
faire une telle réduction ?*

Dans le Discours et le Rapport tout est promesses et espérances, excepté les chiffres.

Les phrases annoncent des augmentations, et les chiffres font des diminutions.

Les paroles ne se portent pas en recette au Budget, ensorte que si le lecteur satisfait, oublie de calculer et comparer, il ne s'aperçoit pas de la petite réduction de 26 mill.

On lit (6e. vol. p. XVI) : « La paix multipliant les » transactions, promet des *accroissemens naturels* dans » les produits de l'enregistrement et du timbre.... Les » ventes de bois nationaux augmenteront les mutations » et les perceptions.... »

En conséquence de ces *accroissemens naturels*, les produits sont évalués 13 millions de moins qu'en 1818.

On lit (page XVII) : L'Administration des *Douanes* » ne paraît pas devoir démentir cette année les *amélio-* » *rations* qu'elle a su obtenir dans des tems plus dif- » ficiles. »

Pour toute *amélioration*, les recettes sont évaluées un million de moins qu'en 1818.

Je copie (p. XVII) : « L'Administration des Contribu- » tions indirectes, prend chaque jour UNE ASSIETTE,.. » *qui dépose en faveur du perfectionnement* de son » institution. »

Et on ose démentir cette ASSIETTE *qui dépose en faveur du perfectionnement* ! On évalue les produits à 6,500,000 fr. de moins qu'en 1818.

Il n'y a pas jusqu'aux Salines de l'Est, *petite branche de revenu bien conduite*, que l'on conduit à un retranchement de 500,000 fr. (p. XVIII) sur 3,000,000

Mais ne nous plaignons pas, le Budget de 1819 a couru risque, si nous en croyons le Rapport, de subir de

bien plus grands retranchemens. On y professe (p. 27)
une doctrine qui ne peut être taxée d'imprudence : « Le
» moyen d'éviter les mécomptes, c'est de se tenir au-des-
» sous *des probabilités*. Par ce motif, je ne porte les re-
» cettes des Postes qu'à 12 *millions*, et celles de la Lote-
» rie à huit. » L'estimation était en effet fort au-dessous
des probabilités, et les mécomptes n'étaient pas à craindre.

Que signifient ces contradictions répétées entre les Discours et les calculs ? entre les diverses parties du même
compte ? on ne peut les mettre toutes sur le dos de l'imprimeur. Est-ce la faute de l'imprimeur si (3e. vol. p. 95),
au bas du compte des Contributions indirectes, on lit
une longue note sur une évaluation qui n'existe plus,
et des renvois à un projet de Budget, et à une page
100 qui ont été supprimés ? Il reste beaucoup de traces
inexplicables des premières éditions des comptes, qui
prouvent les métamorphoses qu'ils ont subis, et le peu
de soin avec lequel ils ont été rassemblés et revus.

IXe. DOUTE. *Faut-il rétablir* au Budget de 1819 les
26 millions déduits ?

Dût-on me traiter d'optimiste, je me permettrai d'espérer en 1819 des produits égaux à ceux de 1818. J'ose
prédire que les fléaux qui ont frappé sur les premiers
mois de 1818, l'occupation étrangère, la disette et la
cherté du blé, la rareté et le haut prix des vins, n'attein-
dront pas 1819. En cela j'obéis au discours du Ministre;
j'ajoute foi à ses promesses. Est-ce ma faute si la *prose* du
Budget, d'accord avec les Comptes, n'est pas en harmonie avec les *chiffres hypothétiques* des évaluations?

Où doit être la vérité ? dans le discours de Son Excellence, et non dans les chiffres des bureaux.

X^e. Doute. Les produits indirects en 1819 *ne dépasseront-ils pas ceux* de 1818 ?

Le bas prix des vins en augmente la consommation. Les droits fixes sur les vins doubleront et tripleront, les droits en raison de la valeur augmenteront aussi. Les droits sur les boissons ont produit en 1817 (3e. vol. p. 94) 59 millions; on doit en attendre 15 à 20 millions de plus en 1819. Déjà les droits d'Octroi de la ville de Paris, dont le tarif a été diminué, ont produit pendant le premier trimestre 1819, *un tiers de plus* qu'en 1818.

Ces augmentations sont naturelles, inévitables ; elles sont de la bonne espèce, profitables au Trésor sans être à charge aux Contribuables ; ils paient plus d'impôt en dépensant moins d'argent. Lors même qu'il faudrait compter pour rien l'habileté des Administrateurs, les circonsstances seules promettent et garantissent 15 à 20 millions d'augmentation de produits , sans que l'Administration ait autre chose à faire qu'à ouvrir ses caisses.

Les *chiffres* du Budget vont beaucoup trop loin, en faisant aux Administrateurs l'injure de supposer que leur malfaçon contrebalancera l'heureuse influence des circonstances ; qu'ils empêcheront l'augmentation naturelle des produits et les feront rétrograder.

Je demande si leur zèle et leurs talens n'ont pas droit à plus de confiance, et si, pour les venger de l'injurieuse défiance des *chiffres* du Budget, il ne faut pas d'accord avec la *prose*, ajouter 50 millions, dont 26 millions pour *égaler les évaluations* de 1819 aux produits de 1818, et 24 millions pour *accroissemens* de produits sur les vins et autres améliorations ?

Si je n'étais pas très timoré, j'affirmerais qu'il est impossible au Ministre des finances de ne pas recouvrer ces 50 millions. Tout ce qu'il a pu faire en faveur des Con

tribuables , a été de ne pas porter cette somme au Budget ;
mais là doit s'arrêter son succès. On peut le défier d'empêcher ces *cinquante* millions d'entrer au Trésor : et telle
n'est pas son intention.

XIᵉ. XIIᵉ. XIIIᵉ. XIVᵉ. DOUTES.

Sur les SUPPLÉMENS de CRÉDITS demandés et obtenus.

Je ne prétends pas en contester la nécessité ; j'ai déclaré que je ne discuterais pas les Dépenses : mais j'ai
conçu des *doutes* sur le montant effectif des supplémens
de credit , et je vais les vérifier.

XIᵉ. DOUTE. Les *Supplémens* n'ont-ils *excédé* les crédits QUE DE.................... 110,082,995.

Cette somme est assez jolie : mais ce n'est pas tout.
En récapitulant chaque état , on trouve :

Sur 1815 (2e vol. p. 69)............ 10,208,000.
Sur 1816 (*id.* p. 68)................ 3,161,000.
Sur 1817 (*id.* p. 67)................ 61,879,000.
Sur 1818 (*id.* p. 70) .... 60,967,000.

Le total des *Supplémens de crédit* demandés est donc effectivement de...... 136,215,000.
Et non , comme dit le Discours, de...... 110,053,000.

Atténuation .... 26,132,000.

Cette somme est le montant des réductions faites sur
quelques autres crédits.

Jadis on faisait voter les Supplémens dans leur inté-
grité , et on ne présentait pas les Réductions de crédit
comme des économies. On ne les regardait que comme
des rectifications d'aperçus exagérés.

Par exemple il y a sur les Crédits de la Dette publique et des finances des réductions pour 12 millions :
dira-t-on que cette économie est due aux soins du Mi-

nistre qui aurait su déterminer les pensionnaires et les rentiers à ne pas toucher leurs arrérages et à se laisser mourir. Il est évident qu'il y avait eu évaluation exagérée.

XIIe. DOUTE. Ces 156 millions de Supplémens de Crédit *sont-ils les seuls* qui aient été demandés sur ces quatre années ?

Il avait été précédemment accordé par la loi du 25 mars 1817.

A l'exercice 1815, art. 13. . . . . 37,807,000 f.
A l'exercice 1816, art 14. . . . . 44,440,000 f.
Par la loi du 15 mai 1818.
A l'exercice 1818, art. 4. . . . . 14,973,000 f.

Premiers supplémens de crédits. . . . 97,220,000 f.
Supplémens demandés. . . . . 136,215,000 f.

Total des supplémens. . . . . 233,435,000 f.

Etait-ce la peine vraiment que, chaque année, les Chambres et leurs Commissions suassent sang et eau pour chicaner les Ministres et réduire leurs Budgets ? Qu'est devenue la grande victoire remportée en 1818, et constatée par la loi du 15 mai ? Cette réduction de 16,235,326 f. sur les demandes, comme les Supplémens de credits en ont fait justice ! Si les Chambres avaient pu tout accorder sous la condition qu'il ne serait jamais parlé de *Supplémens*, elles auraient fait un bon marché.

Que le Ministre des finances ne rappelle pas ces supplémens antécédens, rien de plus facile à expliquer ; mais qu'il s'écrie à la Tribune (2e vol. discours p. IX.) « Il n'est pas étonnant que dans l'appréciation des charges » d'une année aussi agitée que celles de 1815 ; *la pré-* » *cision* n'ait été en défaut que de sept millions. »

On le priera de daigner se souvenir d'abord qu'il de-

mande pour 1815 (p. 69). . . . . 10,208,000 f.
ensuite que la loi du 25 mars 1817 , a
déjà accordé. . . . . 37,807,000 f.
d'où il suit que sur une seule année,
la précision n'a été en défaut *que de* . . 48,015,000 f.
et sur les quatre années *seulement*, de. . 233 millions.
ce qui, j'en conviens, peut paraître fort étonnant, mais
dans un sens tout différent.

XIIIe DOUTE. Pourquoi n'est-il plus question des dépenses de 1814 ?

Cet exercice est fermé : mais la loi du 25 mars 1817
a fixé le Restant à payer, à 12,238,000 f. , et l'art. 10
a imputé cette somme sur les recettes de 1817. Ne fallait-il pas rendre compte de l'emploi de cette somme et la
déduire des recettes de 1817? Ce compte n'est pas rendu,
et cette déduction n'est faite ni dans les états de 1817
(2e vol. p. 46 et 69), ni dans le projet de loi ; et on peut
craindre qu'il n'y ait là quelque oubli.

XIVe DOUTE. Est-ce sérieusement que le rapport dit
(2e. vol. p. 13) « le total de la dette *léguée* à 1819 par
» les anciens exercices , s'élève à 189,686,787 f. ? »

Veut-on nous effrayer, nous faire perdre courage ?

J'aurais eu peur *nisi nossem .. Si je ne connaissais…*
la situation des finances.

Pourquoi ne pas rappeler aussitôt les sommes recouvrées, ou à recouvrer, qui assurent ces paiemens ? Il est
vrai qu'un mois après , l'orateur crut devoir s'humaniser
un peu, et nous exhorter (6e vol. 3e Disc. page XXI.)
« à *reprendre courage* , en considérant l'*ensemble* de no
» tre situation financière.... un Passif de 186 millions,
» et, pour le balancer, un Actif de près de 210 millions; »

d'où résulterait un excédant d'Actif de 24 millions: cela est par trop rassurant, car cela ne peut pas être : la comparaison cloche en tous points. Dans ce calcul oratoire, les plus fortes omissions sont une cinquantaine de millions à l'Actif, et les 176 millions de Dette flottante. Les calculs exacts et complets doivent conduire à un excédant de Passif de 90,871,000, reste du Passif antérieur au 1er avril 1814 : ce qui n'a rien d'alarmant. (Voir Chap. II et III.)

XVe XVIe XVIIe XVIIIe XIXe XXe XXIe et XXIIe. DOUTES.

Sur les RECETTES de 1816, 1817, 1818 et 1819. (Chap. II et V.)

XVe. DOUTE. Les EXCÉDANS DE RECETTES au-delà des sommes votées par les Chambres, sont-ils de 77,073,000 ? Sont-ils dus, comme le dit le discours (2e vol. p. VIII), « à la fertilité du sol, à la trempe de » l'esprit public, à l'influence de nos institutions et à la » nature heureuse du Gouvernement...... ? »

Il faut distinguer deux classes d'*Excédans de recettes* :

1o. Les *Excédans sur les revenus* et produits :

En 1815 (2e. vol. p. 44) à .... 11,594,000 f.
   1816 (*dito.*   p. 45) à .... 20,712,000.
   1817 (*dito.*   p. 46) à .... 25,966,000.
   1818 (*dito.*   p. 47) à .... 41,974,000.

TOTAL..... 100,046,000.

2o. Les *Excédans sur les Emprunts* ;

En 1816 (*dito.*   p. 44) à   8,479,000.
   1817 (*dito.*   p. 45) à   41,358,000.   49,817,000 f.

Les *Excédans* de recettes ont donc été 149,863,000. double des 77 millions annoncés.

Il faut convenir que la *précision* n'a été guère moins en défaut dans les évaluations des recettes que dans celles des dépenses.

XVIe. DOUTE. *A quoi, à qui attribuer les accroissemens de recettes?*

Je crains bien que la *trempe* de l'esprit public, nos institutions et la *nature heureuse* du Gouvernement n'y soient pour rien, et que tout l'honneur n'en appartienne à l'extension des Emprunts au-delà des besoins, et à la précaution constante du Ministère des finances, d'évaluer les recettes *au-dessous* des rentrées certaines.

Ainsi, si les évaluations du Budget de 1819 ne sont pas rectifiées, il y aura un *excédant* de recettes de 50 millions *au moins*, qui ne devra, en conscience, faire honneur ni au Ministre qui le prépare, ni aux Chambres qui l'auraient laissé passer sans s'en douter.

XVIIe. DOUTE. Les sommes portées en recettes aux Budgets de 1816 et 1817 (2e. vol. pag. 45 et 46), ne sont-elles pas atténuées ?

A la fin de chaque exercice, chacune des administrations financières dresse le Compte général de ses recettes et dépenses. Ces Comptes particuliers sont réunis, et forment la deuxième partie du *Compte rendu* par le Ministre des finances. Ces Comptes, pour 1816 et 1817, sont imprimés (3e. vol. , pag. 24 à 120). Ils servent de pièces justificatives à l'appui des recettes que le Ministre déclare avoir faites, et qu'il porte aux Budgets. Ces pièces justificatives ne sont pas d'accord avec les Budgets.

Ces contradictions, *douze* fois répétées, ne sont pas celles qui m'ont le moins surpris; car il était si facile de se mettre d'accord, qu'il est incroyable qu'on l'ait négligé. Une atténuation de recettes ou une dissimulation de dépenses de 6 millions ne semblait pas d'ailleurs mériter de courir le danger d'être accusé d'erreur ou de réticence. . . . .

Je confesse ne pouvoir expliquer ces contradictions. Tout ce que je puis faire, c'est de les constater.

Sur 1816, les Administrations déclarent avoir reçu et versé au Trésor :

		fr.
L'Enregistrement. . . . . (3e. v. p. 67)		168,815,000
Les Douanes. . . . . (*Id.* 81)		70,526,000
Les Contributions indirectes. (*Id.* 93)		95,291,000
Les Postes. . . . . (*Id.* 105)		11,798,000
Les Cautionnemens. . . . . . . 1er. v. 245)		64,952,000
TOTAL. . . .		411,382,000

Il n'a été porté en recette au Budget (2e. vol. pag. 45) que les sommes ci-après :

	fr.
Enregistrement, Domaines et Bois.	168,039,000
Douanes et Sels.	70,445,000
Contributions indirectes.	95,719,000
Postes.	11,572,000
Cautionnemens.	64,316,000
Total du Budget.	410,091,000
Les Administrations déclarent avoir versé..	411,382,000
Première *atténuation* de recettes.	1,291,000

Sur 1817, les Administratious déclarent avoir reçu et versé au Trésor :

		fr.
L'Enregistrement. . . . . (3e. v. p. 69)		154,170,000
Les Forêts. . . . . (*Id.*)		16,819,000
Les Domaines. . . . . (*Id.*)		8,844,000
Les Douanes. . . . . (*Id.* p. 38)		86,376,000

D'autre part, 266,209,000.

Les Contributions indirectes. (*Id.* 95) 101,573,000
Les Postes................... (*Id.* 107) 12,475,000
Les Loteries............... (*Id.* 117) 6,231,000

TOTAL..... 386,488,000

Il n'a été porté en recette au Budget
(2e. vol. pag. 46) que les sommes ci-après :

fr.

Enregistrement et Timbre.............. 153,693,000
Forêts............................... 15,982,000
Domaines et Bois vendus............... 8,982,000
Douanes et Sels...................... 83,992,000
Contributions indirectes.............. 101,404,000
Postes............................... 12,107,000
Loteries............................. 5,646,000

Total au Budget.......... 381,806,000
Les Administrations déclarent avoir versé.. 386,488,000

fr.

Seconde atténuation des recettes......... 4,682,000
Première atténuation (17_o. doute)...... 1,291,000
Troisième atténuation (6_x. doute)...... 4,142,000
Quatrième atténuation (21e. doute).... 10,313,000

Total des atténuations de recettes. 20,428,000

Ces atténuations de recettes sont fort étranges ; mais ,
sont-elles bien certaines ? (*Voir* les 6, 21 et 18e. doutes)

XVIIIe. Doute. *Lequel croire* du Trésor qui déclare n'avoir pas reçu ces sommes, ou des Administrations qui prétendent les avoir versées, et qui en ont les récépissés à l'appui de leurs Comptes ?

Je laisse la question indécise.

J'avoue cependant que je pencherais beaucoup en faveur des Administrations. Leurs Comptes *par exercice* sont clairs, exacts, satisfaisants, et leur Comptabilité, dit-on, n'a pas encore été *perfectionnée* : elles n'ont d'ailleurs aucun intérêt à mettre du plus ou du moins ; leur seul but est d'être exactes. Il est à remarquer que le résultat de toutes les différences que nous rencontrons, est d'atténuer les recettes d'une somme considérable. Le Trésor ne se condamne-t-il pas lui-même, puisque, dans le compte dit de gestion, il porte (3e. vol., pag. 51 et 52) les mêmes sommes que les Administrations. Ainsi le Trésor, dans deux comptes publiés ensemble, porte, sur les mêmes articles, des sommes toutes différentes. Le Trésor doit-il être cru quand il est d'accord avec les Administrations, ou quand il n'est pas même d'accord avec lui-même ?

XIXe. Doute. *Les non-valeurs sur* 1818 *sont-elles réelles*, et faut-il les déduire comme dans l'état (p. 47), pour . . . . 26,626,518 fr.

Dans cette somme, il y a 24,603,000 fr. sur les emprunts qu'il faudra examiner à part.

Les *non-valeurs* sur les Produits et Revenus du Budget de 1818 ne sont réellement que de 2,025,000 fr.

Tandis que les *excédans* de recettes se sont élevés à 41,974,000 fr.

Les Comptes de 1818 ne sont pas arrêtés, et n'ont pas été produits. Il serait prématuré de regarder comme définitives ces Non-valeurs. On peut espérer que de nouveaux Excédans de recettes, qui n'étaient pas connus au 1.er janvier, couvriront cette somme : on peut donc attendre.

XX.e DOUTE. *Pourquoi le Budget des Recettes de 1818 est-il plus faible que celui des Dépenses de 8,320,000 f.*

Le Budget des Dépenses de 1818 (2.e vol. pag. 70) est de . . . . 1,106,682,000 f.
le Budget de Recettes (p. 49) n'est que de 1,098,362,000

Les Chambres ont-elles oublié d'élever les Ressources *au niveau* des Dépenses ? La loi du 15 mai a fixé le Budget à 1,098 millions, y compris 16 millions de rentes à négocier. Mais, pendant la discussion, a été rendue la loi du 6 mai, par laquelle, en créant 40 millions de rentes, dont 16,040,000 fr. pour payer les créances étrangères, les Chambres accordèrent un crédit spécial de 600,000 fr. de rentes pour être négociées, et fournir les 8,320,000 fr. montant des arrérages d'un semestre.

Il paraît qu'au Ministère des finances , *les bureaux des dépenses* n'ont pas oublié de comprendre les 8,320,000 f. dans les Besoins, mais *les bureaux des recettes* ont oublié de les porter aux Ressources , et comme il n'a pas été fait de *balance de l'exercice* 1818 , on ne s'est pas aperçu que l'on avait rompu l'équilibre , et que l'on avait fait boiter le Budget en raccourcissant les Ressources de 8,320,000 fr.

XXI.e DOUTE. *Les* 16,313,000 f. *de traites pour Coupes de Bois qui figurent dans la Caisse (* 6.e vol. p. 44 *) n'appartiennent-t-elles pas à l'exercice* 1819 ?

Toutes les traites pour Coupes de bois de 1818 sont échues , et ont été recouvrées ou employées en 1818 ; celles qui figurent dans la caisse (6.e vol. p. 44), doivent appartenir à 1819, et provenir des coupes adjugées en novembre et décembre 1818. Aucune somme n'a été portée en recette sur 1819. Il y a donc lieu de craindre sur cet article encore une omission, et une atténuation de recette de 10,513,000 fr.

XXIIe. DOUTE. LES EXCÉDANS des RECETTES sur les dépenses ne *sont-ils que de* 10 millions ?

Dans l'état actuel des comptes, la méthode des *trois questions* nous a conduits à un excédant de recette de 110 millions ; mais il résulte des détails portés aux 6e, 17e et 21e. Doutes qu'il faut y ajouter 20 millions ; ce qui porterait les excédans de recettes à 130 millions , et atténuerait de ces 20 millions la différence entre le solde matériel et le solde des budgets.

XXIIIe. XXIVe. XXVe. et XXVIe. DOUTES
sur les RESTES des crédits en *Rentes*.

XXIII. DOUTE. *Le Crédit en rentes accordé pour* 1818 *est-il de* 16,600,000 fr. *ou de* 16,000,000 *de* rentes ?

Le Rapport (6e. vol p. 9) répète plusieurs fois que le Crédit accordé par les lois des 6 et 15 mai, est de 16,600,000 fr. ; mais l'état des Recettes (p. 70) ne porte que 16,000,000. L'omission du Crédit de 600,000 f. de rentes accordé par la loi de 6 mai doit, sans doute, expliquer la différence entre la somme des rentes, comme entre la somme des capitaux.

En effet , une note évidemment mise après coup (p. 70) annonce qu'*il reste de plus* 600,000 f. de rentes ; mais les notes ne se portent pas en recette, et cette tardive réminiscence n'est nullement d'accord avec le Rapport et fait naître deux autres Doutes.

XXIVe. DOUTE. Les 24,600,000 fr. représentent-ils 1,674,500 fr. , *ou seulement* 1,074,000 de rentes.

XXVe. DOUTE. Le compte porte-t-il 24,600,000 fr. en *non-valeur*, ou 32,920,000 fr.

Je lis dans le Rapport (2e. vol. p. 9) : « Il reste libre » 1,674,500 fr. de rentes qui représentaient dans les » évaluations du Budget 24,600,000 fr. : » cela est positif

Mais la note (p. 70) me dit : « qu'outre les 1,074,000 f. » qui représentent les 24,600,000 , il reste 600,000 fr. » de rentes que doivent représenter les 8,320,000. »

La contradiction entre le Rapport et la note ne peut être plus formelle.

La diminution paraît être réellement de 32,921,000, f. quoique le tableau et le rapport ne portent que 24,600,000 f. ; mais pourquoi n'a-t-on pas fait *la balance de l'exercice* 1818? elle aurait prévenu, ou levé les incertitudes et les contradictions.

XXVIe. DOUTE. En résultat, le Ministre *restitue-t-il* aux Chambres , et propose-t-il d'*annuler* les 1,674,500 fr. de rentes non employés , ou bien les garde-t-il à sa disposition ?

OUI et NON ; ... selon les pages du Compte que l'on consulte.

Dans deux endroits , le Ministre déclare hautement qu'il n'en veut plus ; il les rejette et les porte dans les non-valeurs. Mais en plusieurs endroits du Budget , il les garde bien et dûment à sa disposition. Il y a même cela de remarquable , que lorsque ces 1,674,500 fr. de rentes sont portés en déduction , cela est clair , explicite , évi-

dent. Lorsqu'au contraire, le Ministre retient et garde
ces rentes, la somme de 1,674,500 fr. se trouve confon-
due, enveloppée dans de plus fortes sommes, de manière qu'elle n'est plus prononcée nulle part, et qu'aucun
indice ne laisse soupçonner qu'elle s'y trouve. Pour la
retrouver, il faut s'aider de notions et de renseignemens
puisés hors du Budget et des Comptes.

Il est des gens qui, dans ces déguisemens, verraient une
malice innocente ou non, pour augmenter l'aisance du
Trésor : Dieu me garde d'être aussi mal pensant. A
peine me permettrai-je d'y voir une inadvertance. Je
prierai seulement le Ministre de daigner expliquer ses intentions définitives, et de choisir entre les variantes que
je vais rappeler.

1°. Dans le Compte (2ᵉ. vol. p. 9.), on lit : « *il reste
» libre 1,674,500 fr. qui représentaient les 24,601,000 f.
» portés en diminution de recette.* »

2°. Et en conséquence, cette somme est portée (p. 47)
dans la colonne des DIMINUTIONS et NON—VALEURS.

Voilà deux déductions et deux rejets bien formels.

Dans le Budget de 1819, la médaille tourne : il n'y
est pas, il est vrai, question une seule fois *explicitement*
des 1,674,500 fr ; mais ils figurent *incognito* dans de plus
fortes sommes.

1°. Dans la somme de 5,180,000 fr. montant des arrérages des effets publics appartenant au Trésor (pag 18,
27, 129, et 138).

2°. Dans le capital de 64,805,430 fr., et dans la rente
de 4,703,434 fr., faisant partie de l'actif du Trésor,
(p. 42). Ces rentes n'y sont même que *pour mé-*

moire , ce qui fait que le Ministre les garde , sans en compter ni au Budget ni aux Encaisses.

3°. Ladite somme de 1,674,500 fr. a été comprise (p. 32) dans la Situation du Grand-Livre, non pas dans la colonne intitulée : *Portion de crédit* ... *sans emploi*, mais dans celle *intérêts à servir* EFFECTIVEMENT ... Il est vrai que la somme est de 2,368,500 f. au lieu de 1,674,500 fr. La différence, 594,000 de rentes ; est inexplicable : car on ne peut supposer que des rentes vendues et payées suivant le compte (4e. vol. p. 47) ne fussent ni livrées ni inscrites.

4°. Enfin , cette somme de 1,674,500 est partout comprise dans les arrérages de la Dette publique , et portée dans les charges du Budget (notamment p. 49 et 51).

Au milieu de tant d'incertitudes et de contradictions , que conclure ?

Dira-t-on que le Ministre reprend d'une main ce qu'il rejette de l'autre ; qu'il a l'air de rendre les 1,674,500 fr. et qu'il les garde effectivement : ou bien qu'en faisant le Budget de 1819 , il avait déjà oublié celui de 1818 ?

Ce qui n'est pas douteux , c'est que si le Ministre garde à sa disposition les 1,674,500 fr. de rentes , il ne doit pas déduire les 32 millions qu'ils représentent au Budget de 1818 (sauf le résultat de la négociation).

Ou que si le Ministre porte les 32 millions en *non-valeur*, on ne doit pas laisser à sa disposition les 1,674,500 f.

Il faut , où les compter au Budget , où les annuller.

Les Chambres même n'ont pas le droit de laisser subsister ces 1,674,500 fr. , si on les porte en *non - valeur* ; car elles ne peuvent créer de rentes négociables que par les Budgets et pour les Budgets.

XXVIIe. XXVIIIe. XXIXe. et XXXe. DOUTES;
Sur la DETTE FLOTTANTE, autrement dit le PASSIF du Trésor. (Voir chap. IIIe.)

XXVIIe. DOUTE. La DETTE FLOTTANTE *est-elle* réellement, *et n'est-elle que de* 175,974,000 fr.

Le titre même du Tableau de cette dette, (6e. vol. p. 46) autorise ces doutes. Il est intitulé APERÇU *de la Dette flottante. Un aperçu*, n'est pas un état exact, définitif; il semble que les rédacteurs, dans une juste défiance de leur travail, aient pris leurs précautions pour pouvoir répondre à chaque redressement : « *Ce n'est pas un état définitif, mais un aperçu que nous vous avons donné.* »

Les Chambres peuvent-elles se contenter d'un *aperçu* sur la Dette des Caisses ? Que répondre, si elles prétendaient qu'il leur faut des états certains, positifs, qu'on ne peut pas les leur refuser, et qu'on n'aurait jamais dû en produire d'autres ?

Comment le Trésor pourrait-il ignorer le montant des effets qu'il a émis et des sommes qu'il a reçues en compte courant, ou en dépôt ? Un Budget de recettes et dépenses *à faire* est nécessairement incertain, n'est qu'un *aperçu* ; mais un état du *Passif* ou des dettes des caisses pour argent emprunté, ne peut être douteux, quand la Comptabilité est bien tenue.

Ce titre, *aperçu*, serait-il un aveu naïf du mauvais ordre des écritures et de la Comptabilité ?

S'il en était ainsi, il serait d'autant plus nécessaire d'exiger un état certain, positif, reconnu tel, et certifié par le Ministre, de telle sorte, que le montant de la Dette flottante fût constaté, et ne pût croître à l'improviste.

XXVIIIe. DOUTE. La DETTE FLOTTANTE *est-elle expliquée et justifiée* dans son ensemble et dans ses détails ?

L'*aperçu* de la Dette flottante inséré dans le Budget (p. 46) est isolé, ne se rattache à aucune partie du Budget, ni à aucun compte antérieur : il en est de même des états des *Avances* et des *Soldes en caisse* (6e. vol. pag. 44 et 45).

Le seul point de comparaison et de rapprochement qui existe, il faut aller le chercher dans la *Situation générale de l'administration des finances* au 31 décembre 1817. (3e. vol. p. 158 et 159). Cette Situation est d'une année antérieure aux situations jointes au Budget : il y a donc lacune de l'année 1818 entière, et on ne peut faire aucune vérification de ces états ainsi présentés isolément et sans preuves.

J'écarte toutes les observations auxquelles on pourrait répondre, par les opérations de l'année intermédiaire restées inconnues. Je ne m'attache qu'à un petit nombre de points de vue généraux ou importans.

XXIXe. DOUTE. La DETTE FLOTTANTE ou le Passif des caisses a-t-elle *augmenté ou diminué* en 1818 ?

Le Passif, au 31 décembre 1817, était (3e. vol., pag. 159) de. . . . . 261,498,000 fr.

L'Aperçu de la dette flottante (6e. v., pag. 46) est, au 1.er janvier 1819, de   175,974,000

Le Ministre des finances de 1818 a donc réduit la Dette flottante, en 1818, de. 85,524,000

On doit des remerciemens au Ministre de 1818 pour la réduction progressive de la Dette flottante, depuis le

1er juillet 1817, surtout lorsque l'on remarque qu'il a réduit principalement les émissions des effets à payer *portant intérêts.*

Les Obligations royales, les Bons royaux et les Billets de service en émission s'élevaient, au 1.er juillet 1817 (Budget pour 1818, pag. 116) à 180 millions ; au 31 décembre 1817, ils étaient encore (3e. vol., pag. 159) de . . . . 144,985,000 fr.

Au 1.er janvier 1819, ils ne sont plus (6e. vol., pag. 46) que de 76,822,000

La réduction, en 18 mois, a été de 105 millions, dont pendant 1818 . . . 68,163,000

De pareilles diminutions étaient sages, et préparaient une réduction de Frais de négociations. Combien il eût été à desirer que la Dette flottante eût encore été réduite des 50 millions employés en achats de rentes !

XXXe. Doute. Faut-il *continuer de suivre la marche* adoptée par le Ministre, en 1817 et 1818, de *diminuer* la Dette flottante et les émissions d'effets ?

Ou bien faut-il adopter la *proposition faite* par le Ministre de 1819 , d'*ajouter* 48,900,000 fr. à la Dette flottante, et plusieurs millions aux Frais de négociations ?

La réponse dépend de la solution de deux autres questions sur la Situation effective des Caisses et sur la marche des recettes et des dépenses.

XXXIe et XXXIIe Doutes : sur la Situation matérielle des Caisses, et la Marche des Recettes e^t des Dépenses. (V. Chap. 1er. et IV.)

XXXIe. Doute. L'Argent en caisse et les Valeurs isponibles au 1.er janvier 1819, s'élèvent-ils à une somme *moindre ou supérieure* à celles existantes ordinairement ?

S'il n'y a pas assez d'argent en caisse, on peut avoir besoin d'augmenter et la Dette flottante et les Impôts; mais, s'il y a plus d'argent en caisse et plus de valeurs disponibles qu'à aucune autre époque, S'IL Y EN A TROP, il faut diminuer la Dette flottante, il faut réduire les encaisses, il faut diminuer les Impôts.

Je cherche dans les comptes publiés à diverses époques; je trouve qu'il y avait à la disposition des ministres,

1º. NUMÉRAIRE ou valeurs représentatives :

Au 1er. avril 1814 . . . . 20 millions

Au 1er. juillet 1817 (Budget pour 1818, p. 116.) . . . . 57 millions.

Au 1er. janvier 1818, (3e. vol. p. 158.) 66 millions.

Au 1er. janvier 1819 (6e. vol. p. 42, 44) 92 millions.

La Situation *matérielle* des Caisses n'a pas empirée, leur opulence a été toujours croissant ; voyons la situation du Portefeuille.

2°. EFFETS appartenant au Trésor.

Au 1er. avril 1814 (Budget pour 1816, p. 208). . . . . 14 millions.

Au 1er. juillet 1817 (Budget pour 1818, p. 116). . . . . 19 millions.

Au premier janvier 1818, Valeurs déposées en nantissement (3e. vol. p. 19 et 158) . . . . 39 millions.

Au 1er. janvier 1819 (6e. vol. p. 42). . 72 millions.

La progression est constante. Réunissons maintenant le numéraire et les effets pour connaître les sommes totales à la disposition des Ministres, auxdites époques.

1º VALEURS DISPONIBLES représentant du NUMÉRAIRE:

Au 1er. avril 1814. . . . . 42 millions.
Au 1er. juillet 1817. . . . . 76 millions.
Au 1er. janvier 1818. . . . . 106 millions.
Au 1er. janvier 1819. . . . . 164 millions.
Et avec les 23 millions d'avances . . . 187 millions.

L'abondance a été toujours croissant, et l'augmentation graduelle et rapide des encaisses et des valeurs disponibles avait déterminé le Ministre de 1818, à diminuer en 18 mois la Dette flottante de plus de 190 millions.

Cet accroissement des encaisses avait une cause qu'il faut expliquer.

XXXIIe. DOUTE. Les Recettes ont-elles été, en 1818, PLUS LENTES et les Dépenses PLUS RAPIDES que dans les années précédentes ?

Quand les Recettes sont *plus lentes* que les Dépenses, il faut emprunter, augmenter la Dette flottante, afin d'avoir de l'argent pour payer les Dépenses en attendant les Recettes; mais si, au contraire, les Recettes *marchaient plus vite* que les dépenses, il serait inutile d'emprunter; bien plus, il serait ridicule de prendre de l'argent à intérêt pour le laisser dormir en caisse; il ne faudrait donc pas augmenter la dette flottante de 49 millions.

Cherchons, dans les Comptes, la Situation *comparée* des Recettes et des Dépenses à diverses époques.

Au 1er. avril 1814, le Trésor était *en avance sur les* seules années 1813 et 1814 de 180 millions (Budget de 1814 p. 27). Sur tous les exercices réunis, suivant le Compte qui fut publié en 1815, (p. 27) les dépenses avaient *marché plus vite* que les Recettes, et il avait fallu payer, à force d'emprunts, hors Budgets et *par avance*. . . . . 313 millions.

De pareilles *avances* expliquaient et justifiaient une Dette flottante. Cette dette, après avoir annullé les sommes dues à la liste civile, au Domaine extraordinaires et à d'autres caisses publiques, fût fixée et reconnue s'élever au total à 155,700,000. *L'actif* ayant été liquidé à 41,839,000. Le *Passif* fut reconnu excéder *l'actif* de 115,871,000 (Budget 1816. p. 208.)

L'origine de la Dette flottante est donc antérieure au 1er. avril 1814 ; sa cause fût la *lenteur* et *l'insuffisance* des Recettes *comparées à l'urgence* et à la *rapidité* des Dépenses. Les mêmes causes continuèrent d'agir pendant les premiers tems de la restauration. La présence et les dépenses *énormes* et *urgentes* des armées étrangères et des contributions extraordinaires firent, pendant long-tems, que les recettes purent difficilement égaler et atteindre les Dépenses.

Au 1er. juillet 1817, les Paiemens dépassaient encore les recettes effectuées (Budget de 1818 p. 115) de 44,581,000.

Au 1er. janvier 1818, non-seulement *l'équilibre était rétabli*, mais les Recettes avaient à leur tour *dépassé* les Paiemens (3e vol. p. 122, 123, 158 et 159) de 20 millions.

Au 1er. janvier 1819, le Trésor avait reçu au-delà des paiemens faits sur les Budgets (v. chap. 11e.) *au moins* 110 millions, et avec les rectifications (v. 17e. et 22e. Doutes) 130 millions.

Cette amélioration dans les recettes, ce *ralentissement* dans les Dépenses, ont *entièrement changé* la situation des finances ; ils ont rempli les caisses et *accru* les valeurs disponibles. Le Ministre de 1818 en avait conclu qu'il fallait réduire la Dette flottante, et il avait commencé cette réduction.

Son successeur demande à être autorisé à *l'augmenter!*

Les Faits, les Situations qui précèdent doivent éclairer sur l'opportunité de cette proposition; ils indiquent la solution du 3o°. Doute.

Je ne quitterai pas les *encaisses* sans offrir à l'admiration du lecteur et à la reconnaissance des créanciers de l'État, un *expédient de crédit* pratiqué plusieurs fois pour remplir les Caisses.

Chaque mois le Gouvernement fixe la somme à payer par le Trésor pour le service des différens Ministères. Jadis, en 1813, cette *distribution de fonds* était arrêtée du 15 au 20 de mars; par exemple, pour le service du mois d'avril: dès le 1er. avril, les Ministres, délivraient leurs ordonnances sur le Trésor.

Le premier soin d'un nouveau Ministre des finances qui veut se donner *du large* et remplir ses caisses, doit être de retarder la distribution des fonds, les ordonnances et les paiemens, tandis qu'il presse les recettes.

Il a été si bien usé de ce moyen, que maintenant le retard est de plus d'un mois. La *Distribution* pour le service d'avril, par exemple, est arrêtée dans les derniers jours d'avril, et les Ministres peuvent à peine commencer à ordonnancer en mai. Les Créanciers attendent un mois de plus et le Trésor remplit ses Caisses de 25 ou 3o millions de plus: car le retard ne peut porter que sur une partie du service.

Avec des expédiens si profondément combinés, avec des mesures de crédit si équitables et si loyales, peut-on jamais être embarrassé, et a-t-on besoin de demander tant d'argent?

XXXIIIe, XXXIVe, XXXVe et XXXVIe Doutes sur la Comptabilité.

XXXIIIe. DOUTE. Pourquoi les BALANCES par EXER-CICE ont-elles été supprimées ?

Je ne répondrai pas, parce qu'elles étaient nécessaires pour s'y reconnaître.

Peu importe les motifs de la suppression ; l'essentiel, ce sont les effets de cette suppression.

Le premier effet serait de soustraire à la discussion et au vote des Chambres les excédans des recettes sur les évaluations des Budgets. Ce n'est pas une bagatelle, car nous avons vu que sur quatre exercices, ces excédans se sont élevés à 149 millions.

Sans doute un Ministre des finances qui après avoir évalué, selon sa conscience, les recettes *à faire*, perçoit une *centaine* de millions de plus, n'est pas repréhensible ; mais il faut qu'il vienne rendre compte aux Chambres, et qu'en leur présentant la *Balance* des recettes et des dépenses par Budget et *par exercice*, il reçoive la part de remerciemens et d'éloges, ou quelquefois de blâme qui lui appartient ; il faut que les Chambres couvrent et régularisent par leur vote l'excédant de recette perçu au-delà de l'autorisation accordée par le Budget de chaque exercice.

Un autre effet de la suppression de la Balance par exercice, si on l'étendait jusqu'aux dépenses, si au lieu de demander aux Ministres le compte des dépenses qu'ils ont *autorisées* pendant telle année, ce qui constitue l'exercice, on se contentait du compte des *paiemens* qu'ils ont fait faire, ce serait d'enlever aux Chambres tout contrôle et tout moyen de renfermer les Ministres dans les limites de leurs Budgets. Il suffirait qu'un Ministre eût l'attention de ne faire payer chaque année que jusqu'à concurrence du crédit accordé, pour ne pas paraître répréhensible ; tandis qu'il créerait aux Chambres des dettes et des arriérés inconnus.

Dans le Budget par exercice, le Ministre est obligé de compter des dépenses qu'il a *ordonnées*, qu'elles soient dues ou payées. Il exige le même compte des ordonnateurs sous ses ordres. Ensorte que les Ministres d'abord, et par eux les Chambres, connaissent toute l'étendue de la dépense, en y comprenant les sommes restant à payer.

Au moyen de la Balance *par exercice*, les Chambres assignent un crédit égal aux dépenses de l'exercice. Tout alors est fini pour les Chambres : elles n'ont plus à demander que la preuve du paiement des dettes ; elles n'ont plus à en craindre l'augmentation.

Les Créanciers de l'État trouvent dans cette *Balance des exercices* sécurité pour leurs droits, car les Chambres ont assigné tous les fonds nécessaires ; elles n'ont pas donné une simple promesse, mais elles ont livré des gages certains de paiement.

Quant au Ministre, s'il a été exact et sincère, le paiement de tout son service, de toute sa dette est assuré ; il est également sans inquiétude, et sans embarras. Mais s'il s'est trompé ou s'il a dissimulé, il se trouve serré entre la fixation faite par les Chambres et entre les créances et les réclamations des créanciers ; il faut qu'il vienne avouer ses erreurs, qu'il en fasse connaître les causes, et qu'il subisse l'improbation des Chambres.

Sous ce rapport, il n'y a dans la Balance par exercice,

rien que d'utile à la surveillance des Chambres , que de favorable aux Créanciers et au Crédit , au bon ordre et à l'économie.

Quant aux entraves que cette méthode donne aux Ministres , il peut s'en trouver qui désirent qu'elles leur soient ôtées ; mais ce n'est pas aux Chambres à les en délivrer. Il faudrait compter bien fort sur leur bonhomie pour leur en faire l'insidieuse proposition , ou pour chercher à y échapper , en supprimant la *Balance des exercices* sans en avertir.

Je viens de montrer le beau côté des *Exercices* ; mais ils peuvent avoir , et ils ont eu leurs inconvéniens et leurs abus. Ainsi , entre les mains des *financiers impériaux* , les Exercices furent des causes de discrédit et de banqueroute ; parce qu'au lieu de les balancer exactement , on assignait des recettes insuffisantes qui étaient surévaluées , à des dépenses très-supérieures qui étaient en partie dissimulées. Le mal n'était pas dans la balance par exercice ; mais au contraire dans *le défaut de balance* réelle , dans la banqueroute dissimulée sous un *équilibre* apparent et *mensonger*.

Rien de pareil n'est maintenant à craindre , surtout depuis que les Ministres des finances paraissent avoir pris l'habitude d'évaluer les produits *au-dessous* des recettes réelles. La sécurité des Créanciers ne laissera plus rien à désirer , lorsque les autres Ministres auront l'attention d'évaluer plus exactement leurs dépenses.

Un autre inconvénient grave des Exercices , est leur *prolongation indéfinie* , qui introduit la complication et l'obscurité dans la Comptabilité , le désordre dans les comptes , et le discrédit dans les finances.

Cette prolongation fut poussée jusqu'au ridicule , jusqu'à l'injustice et à la banqueroute sous Bonaparte.

La complication recommence à nous envahir, puisqu'il y a en ce moment cinq exercices concurremment ouverts, 1815, 1816, 1817, 1818, 1819; mais le remède est facile : il faut *balancer* les plus anciens, et les déclarer *clos et fermés* en les réunissant.

Le Budget préparé en décembre (1er. vol.) présentait la balance de ces exercices, et en proposait la *Clôture*. On n'aurait plus eu que *deux exercices courans*, 1818 et 1819. Il est difficile d'amener la Comptabilité des Ministres et des finances, et les travaux des Chambres, à une plus grande simplification, sans danger pour le bon ordre et pour leur contrôle et leur surveillance.

Je m'étonnerais que le Ministre qui professe une si grande haine contre les exercices, n'en proposât pas la clôture, si je ne supposais qu'il veut en aggraver l'incommodité et les inconvéniens pour en obtenir la *destruction*. Il serait plus loyal de s'expliquer franchement : les Chambres examineraient, discuteraient et décideraient, si elles veulent du même coup détruire leur surveillance et abattre leur pouvoir.

Ces Comptes et Balances *par exercice*, indispensables aux Chambres, aux Ministres, et à tous les Administrateurs, et si utiles lorsqu'ils sont sincères et peu nombreux, sont cependant insuffisans pour les Chambres, pour le Trésor et pour les Comptables.

Après avoir présenté aux Chambres les Budgets pour *le tems rationel* qui compose un Exercice, il faut leur présenter l'aperçu ou l'exécution des services pendant le *tems réel* qui forme l'année : c'est ce qu'on appelle *compter par gestion*.

Le compte *d'exercice* est pour les Administrateurs,

pour les Chambres, pour les Ministres, pour les Ordonnateurs; il comprend le tems de leur administration, avec leurs suites et leurs conséquences ; car les actes des Administrateurs ont des suites longues et d'une durée incertaine, pendant lesquelles leur responsabilité continue et se prolonge. Le compte *d'exercice* forme donc pour eux *le cadre principal* dans lequel les comptes *de gestion* viennent se ranger et former *les divisions* naturelles et les époques successives.

Les actes des Comptables, au contraire, recevoir et payer, sont des actes simples, instantanés, qui n'ont ni suites ni durée. Ils peuvent et doivent être à l'instant saisis par la Comptabilité et justifiés par pièces. Aucun délai n'est là nécessaire, et il ne pourrait avoir que des inconvéniens. Les Comptes du Trésor et ceux des Comptables doivent donc se mesurer sur *le tems réel* de l'exécution de leurs opérations. Le Compte ou journalier ou mensuel ou annuel dit *de gestion*, est le *cadre principal* de leur Comptabilité, dans lequel la *division par exercice* n'est que secondaire ; elle est cependant indispensable, pour remonter à l'origine et rattacher les comptes des Comptables à ceux des Administrateurs.

Sans ces distinctions, sans ce lien de rapprochement et de contrôle, il n'y aurait dans la Comptabilité des Administrateurs et dans celle des Comptables que désordre et confusion.

Ces deux méthodes de Comptabilité ont donc leur destination distincte ; elles se servent réciproquement de points de contrôle ; elles sont utiles, nécessaires toutes deux : il ne faut ni les confondre, ni les mal placer, ni détruire l'un ou l'autre ; tous les abus, tous les inconvéniens qu'on a justement reprochés à l'une et à l'autre, sont venus de ce qu'elles ont été déplacées et mal exécutées.

Proposer aux Chambres et aux Administrateurs de renoncer aux balances *par exercice*, c'est une erreur en Comptabilité aussi grave que de vouloir faire compter le Trésor, les Receveurs et les Payeurs *par exercice*. Mais cette dernière erreur est bien moins dangereuse ; il n'en résulte que des complications et des retards ; car il faut toujours, tôt ou tard, qu'un Comptable apure ses comptes, n'importe dans quelle forme : il ne peut échapper à l'Administration et à la Cour des comptes qui l'enveloppent de toutes parts, et épluchent ses Comptes tour-à-tour.

Mais rien n'est si facile pour un Administrateur qui n'est pas renfermé dans les balances *par exercice*, que d'échapper à ses supérieurs et aux Chambres.

Ces obscures et arides discussions sont difficiles à suivre et à saisir. Tant que leur application était renfermée dans l'enceinte du Trésor, leur importance était légère ; mais transportées dans les rapports des Chambres avec les Ministres, elles prennent un haut degré de gravité : c'est ce qui m'a déterminé à leur donner quelques développemens.

Dans la crainte de n'avoir pas été suffisamment clair et intelligible, je vais présenter au lecteur cette explication sous une autre forme. Je l'ai trouvée dans un journal, et je crois pouvoir la trancrire sans être accusé de plagiat.

« Dernièrement, dans un des salons les plus élégans de la capitale, plusieurs Députés préludaient au milieu d'un cercle de jolies femmes, à la *future* discussion du *futur* Budget, et avaient ouvert, entre deux contredanses, une savante dissertation sur les comptes par *exercice* et les comptes *de gestion*. La Dame de la maison, jeune et belle, prêtait une attention respectueuse à ces graves matières.

« Mais vous, Monsieur, dit-elle à un grand homme sec, qu'à ses joues creuses, son front soucieux, son regard sévère, je reconnus pour un inspecteur des finances, ne nous direz vous pas votre avis ? »

« J'étais venu, Madame, pour partager vos plaisirs, et non pour vous faire partager mes ennuis ; je cherchais la gaîté, et je me reprocherais de la mettre en fuite ; mais vous l'exigez, et à vos risques et périls, je vais m'expliquer :

» Vous n'avez pas lu *Zadig* ? »

La belle Dame rougit.

« Mais vous avez lu *Gulliver*, et vous devez vous rappeler les vives querelles des grands docteurs *Lilliputiens*, sur l'importante question de savoir si la morale, les lois de l'Etat et le salut public, permettent de casser les œufs par le *gros bout* ou par le *petit bout*. Hé bien, Madame, la discussion sur les comptes *par exercice* ou *par gestion*, a tout juste le même degré d'importance que les disputes des *gros boutiens et des petits boutiens* ; on peut faire une fort bonne omelette en cassant les œufs par l'un ou l'autre bout ; l'essentiel est de bien tenir la queue de la poële, de ne pas renverser dans les cendres, et de ne pas laisser brûler. Il y a d'excellens comptes *par exercice*, il y a de fort bons comptes *de gestion*. Si vous me demandez quels sont les meilleurs comptes, je répondrai : D'abord les plus clairs et les plus exacts, peu importe dans quelle forme ; puis ceux qui satisfont le mieux aux circonstances et aux intentions des *rendans* et des *oyant-comptes*. Pardonnez-moi ces termes barbares. Je vais devenir intelligible.

» Quand vous donnez chaque jour de l'argent à vos gens pour les dépenses courantes, vous opérez *par gestion*; mais quand votre cher époux, désirant savoir combien lui coûte cette délicieuse soirée, additionnera les mémoires du décorateur, du traiteur, du glacier, du chef d'orchestre, il fera un compte *d'exercice*, et cet exercice ne lui paraîtra peut-être pas aussi agréable qu'à vos aimables convives. Vous souriez, vous semblez demander une démonstration plus sérieuse; la voici :

» Lorsqu'au milieu des travaux de votre toilette, un importun cuisinier vous fait présenter son gros livre, l'esprit préoccupé, vous jetez un œil distrait sur l'addition de la semaine ou du mois, et vous en payez le montant, sans trop vous inquiéter ni des mémoires qui viendront à la suite, ni des provisions consommées; vous arrêtez un *compte de gestion*.

» Mais lorsque Madame votre Grand'mère discute soigneusement le livre de sa cuisinière, ajoute les provisions consommées et les mémoires restant à payer, pour connaître avec précision ce que sa table lui coûte par semaine, par mois ou par année, et pour décider si elle ajoutera ou retranchera un plat à son ordinaire, ou un convive à ses repas; lorsque monsieur votre Mari calcule le total des dépenses de sa maison, en y comprenant tous les mémoires en retard; lorsqu'il compare ses dépenses à ses revenus *annuels* pour ne pas entamer ses capitaux, Madame votre Grand'mère, et monsieur votre Mari font alors des budgets et des comptes *par exercice*. »

Le violon, en annonçant une walse, mit fin à la démonstration; et les Dames, en cédant aux invitations

empressées des danseurs, répétaient en chœur : « Mes-
» sieurs les Députés, nous préférons les comptes de *ges-*
» *tion* ; laissez aux Grand'mamans ces impertinens et en-
» nuyeux comptes *par exercice* : c'est à nous de faire des
» dépenses sans compter ; c'est à nos maris de les payer
» sans marchander ni calculer. »

XXXIVe. DOUTE. Quel est l'objet, quelle peut être l'u-
tilité des COMPTES DE GESTION ?

J'ai à-peu-près épuisé cette discussion dans l'article
qui précède ; je n'y reviendrai pas. Je ne dirai que deux
mots sur les Comptes présentés cette année, sous le titre
de *Comptes de Gestion*.

L'état intitulé : *Tableau général des Ressources et des
Besoins de* 1819 (6e. vol. pages 42 et 44) est en partie
un état de Trésorerie ou *de Gestion* pour l'année 1819.

J'ai examiné et discuté cet état dans la première partie
de cet écrit ; je l'ai apprécié et rectifié (Chap. IV.) J'ai
montré que les Chambres ne doivent pas se borner à voter les Budgets *par exercice*, mais qu'elles doivent se
faire rendre compte de la *Situation matérielle* des caisses,
(Chap. I. II. et III.) de la *marche* comparative des recettes et dépenses, (32e. Doute) et qu'elles peuvent y
trouver des moyens de différer ou de réduire les impôts.
(Chap. IVe.)

Outre ce Tableau de *Trésorerie* ou *de gestion* qui est
pour l'avenir (pour 1819) on doit fournir le *Compte réel
de gestion* pour l'année écoulée. Ce Compte forme le troisième volume ; il est intitulé : *Compte rendu* par le Ministre des finances. Je me garderai bien d'entrer dans les
détails de ce Compte, et j'en vais donner la raison.

Le premier mérite de la Comptabilité *par gestion* est
sa rapidité. Ne saisissant que des faits simples, des re-

cettes et des paiemens, et les saisissant jour par jour, le
Compte est en quelque sorte toujours prêt ; il peut être
arrêté et dressé à tout instant, relevé et fourni en quelques heures, au plus tard en quelques jours.

Comment se fait-il que le Compte *de gestion* de 1818
n'ait pas encore été fourni après trois mois de délai ? et
que le Compte *de gestion* présenté soit celui de 1817,
de *quinze mois en arrière*, et qui ne peut être d'aucune utilité à une date si éloignée ?

On serait en droit de conclure de ce retard que les
écritures et les livres grands et petits, ou ne sont pas à
jour, ou sont mal tenus, ou n'existent pas. Ces conjectures se fortifient par toutes les différences, omissions,
erreurs, doubles emplois, etc., que l'on remarque entre les diverses parties des Comptes.

La critique détaillée que l'on pourrait faire de Comptes
si arriérés, serait fastidieuse : elle ne pourrait avoir
qu'un seul but d'utilité, affaiblir la confiance *exclusive*
que l'on prétend conquérir aux Comptes de gestion, et
repousser la *préférence* que l'on veut leur attribuer : un
seul exemple suffira et je le donnerai. (v. 35e Doute)

Il faut distinguer dans les Comptes rendus (3e. vol.),
les Comptes des *Administrations* et Régies pour les
années 1816 et 1817 (pag. 24 à 120). Ce sont de véri-
tables Comptes d'*exercice* dressés et certifiés par les
Directeurs et les Administrateurs de chaque partie. Ils
sont dans une très-bonne, quoique très-ancienne forme ;
ils sont simples, clairs, exacts ; ils laissent peu à desirer.

Les tableaux de la Situation de la *Dette Publique*,
également dans l'ancienne forme, méritent aussi des éloges
pour leur clarté et leur exactitude (pag. 173 à 195).

Enfin, les *Comptes rendus* par les Ministres (IV et V volumes) sont aussi dans une très-bonne forme.

XXXVe. DOUTE. QUATORZE MILLIONS *d'Obligations* du Trésor royal ne sont-elles pas portées DEUX FOIS *en dépense* dans le Compte de gestion de 1817 ?

TRENTE-SIX MILLIONS d'Obligations du Trésor royal furent émises en paiement d'arriéré en 1814 et 1815.

VINGT-DEUX MILLIONS furent rachetés, et QUATORZE MILLIONS restaient en circulation, lorsque la loi du 28 avril 1816, substitua à ce mode de paiement les Reconnaissances de liquidation.

Ces Obligations échéaient : 3,740,000 fr. en 1817, et 10,333,950 fr. en 1818.

Les fonds pour leur paiement ont été faits aux Budgets de 1817 et 1818 ; elles ont été payées et portées en dépense à ces Budgets (2e. vol., pag. 69 et 70).

Dans le Compte *de gestion* (3e. vol.), les 3,740,000 fr. sont portés *deux fois* en dépense.

Une *première fois au Budget* de 1817, comme payées avant le 1er. janvier 1817 (pag. 152.)

La même somme est *une seconde fois* portée en dépense, *hors du Budget*, comme remboursement de Dette flottante et effets émis par le Trésor : elle est comprise dans la somme de 16,908,083 fr. 33 cent. (p. 18.), dont le surplus, TREIZE MILLIONS, a été remboursé à la Banque.

Il est difficile de constater un double emploi mieux caractérisé. Le même double emploi existe également pour les 10,333,950 f. d'obligations remboursées en 1818.

Ces 10,333,950 f. sont portés une *première fois* dans la situation générale des finances (p. 159) comme faisant partie du Passif du Trésor à rembourser *hors Budget*; elles forment avec les 13,333,000 fr. déposés à la Banque, la somme de 23,800,000 f. placée en première ligne dans cette situation.

Ces 10,333,950 fr. sont une *seconde fois* portées en
dépense *au Budget* de 1818 (2ᵉ. vol. p. 70)

Or les dettes des Budgets ne font pas partie du Passif
du Trésor. Le Trésor ne doit que les effets dont il a reçu
le montant en argent ; il n'a reçu en échange des Obligations royales que des ordonnances des Ministres et des
quittances des Créanciers. Les Obligations royales ne font
pas plus partie du Passif du Trésor que les Reconnaissances de liquidation, qui doivent aussi un jour être payées
par les Budgets, et non par le Trésor.

Le DOUBLE EMPLOI est donc réel, incontestable pour
14,073,000 f.

Voilà un exemple des erreurs qui peuvent se glisser
dans les Comptes *de gestion* faits à la mode actuelle, et
quand ils ne sont pas appuyés et contrôlés par les Comptes
et les Balances *d'exercice*, qui préviennent ou découvrent
immanquablement les erreurs de cette espèce.

Si les Comptes de gestion étaient pris pour base des
Budgets, le résultat de ce double emploi et d'autres pareils serait d'accroître de 14 millions les excédans de fonds
du Trésor, puisque la même somme serait portée *deux
fois en dépense*, ce qui ne peut avoir lieu dans les Comptes
par exercice.

XXXVIᵉ. DOUTE. Comment faire dans le DÉSORDRE
de la COMPTABILITÉ ?

Je ne dis pas que la Comptabilité soit actuellement *en
désordre* ; sans doute tant de différences dans les Comptes
s'expliqueront très-facilement et très-naturellement, à la
satisfaction des amateurs et à la honte et confusion des

Critiques qui prétendent que même dans la comptabilité financière *deux* et *deux* font *quatre*.

Mais, si un jour la manie des réorganisations, des changemens, des innovations dans les plans, les méthodes et les personnes, amenait la Comptabilité à un tel degré de *perfectionnement* que les Comptes et les Budgets présentés aux Chambres fourmillassent d'erreurs, de doubles emplois, d'omissions, de dissimulations etc., etc., et que l'on ne put parvenir à s'y reconnaître, comment faudrait-il faire ?

Aux Armées, lorsque dans le désordre d'une victoire ou la confusion d'une déroute, un Trésorier a perdu ses registres, le premier acte de l'Inspecteur est de s'emparer des clefs des Caisses et des fourgons chargés d'espèces : il compte les écus et vérifie les valeurs : il en forme le premier article *à compte nouveau*, la première base d'une Comptabilité nouvelle ; puis il recherche et complète les pièces justificatives, et rétablit de son mieux les registres et les Comptes.

On dit que dans ces derniers tems la guerre civile s'est établie et dure encore dans l'enceinte du Trésor ; plusieurs batailles ont été livrées, tantôt gagnées, tantôt perdues par les Partisans des anciennes ou des nouvelles méthodes, par les Champions des *exercices* ou par ceux des Comptes de *gestion*. Les deux partis, tour-à-tour victorieux ou vaincus, ont été tour-à-tour relégués dans les vastes greniers où dorment les comptabilités arriérées.

Dans ces émigrations subites et répétées, chaque colonie emportait ses pénates, ses armes et bagages, ses journaux ou ses bordereaux, ses livres en parties doubles ou simples.

Au milieu des larmes des vaincus, des cris de joie des

vainqueurs, dans la fuite des uns, dans l'empressement des autres, bien des pièces, bien des registres ont pu rester en route et s'égarer jusque chez l'épicier. Peut-être a-t-il fallu suppléer à la hâte à bien des lacunes?

Cependant depuis trois ou quatre ans la Comptabilité *de gestion* n'est ni plus prompte, ni plus exacte; elle s'épuise en efforts pour détruire sa rivale, la Comptabilité *par exercice*, plutôt que de profiter de son contrôle et de marcher d'accord avec elle.

Si cette destruction avait lieu, il faudrait redouter les progrès déjà, dit-on, fort avancés de la méthode si savante et si commode d'arranger les chiffres *au doigt et à l'œil.*

Lorsque la Comptabilité sera parvenue à ce degré de perfection, il ne restera plus qu'un parti à prendre:

Imiter l'inspecteur: commencer par constater la Situation *matérielle* des Caisses, ainsi que je l'ai fait (chap. Ier.)

Puis s'aider de recherches, de rapprochemens pour savoir à peu près si l'on a trouvé le compte en caisse (chap. II).

Puis enfin refaire à neuf et à son aise les Comptes et la COMPTABILITÉ SUR PIÈCES *justificatives*, laquelle s'arrange à volonté *par exercice* ou *par gestion*, et sans laquelle ni l'une ni l'autre n'est suffisante.

La COMPTABILITÉ SUR PIÈCES est la COMPTABILITÉ AU VRAI; la seule exacte; la seule certaine; celle dont toutes les autres ne sont que des modifications: seule elle leur donne quelque mérite, et elle peut les suppléer toutes, parce que seule elle prouve ce que les autres ne font que déclarer.

Trop souvent la sincérité, l'exactitude, la vérité se cachent, s'obscurcissent ou se perdent dans les comptes, les

registres et les écritures : on est toujours sûr de les dé-
couvrir, de les retrouver dans les *pièces justificatives.*

PLAN DE RÉFUTATION.

Je n'ai exposé que 36 Doutes et Questions ; je ne suis pas
assez exigeant pour prétendre qu'il doive être répondu à
tous, ni même à aucun d'eux ; cependant si quelque habile
Confrère daignait prendre pitié de mes irrésolutions et se
charger de mon instruction pour faciliter son travail, et
dans la crainte qu'il ne s'égarât dans des vétilles, ou ne
choisît à dessein les questions les moins importantes, je me
permettrais de lui indiquer cinq ou six articles dont il ferait
bien de s'occuper d'abord et de préférence. Voici sa tâche :
je la fais aussi courte et aussi facile que possible.

1°. Commencer par peindre le véridique et patriotique
tableau des besoins extrêmes, de l'épuisement absolu et de
la pénurie du Trésor. Après cet exorde brillant, entrer en
matière et faire adroitement disparaître dans les *pour mémoire* les Si ;.... les Mais,.... les Car,..... les 187 millions en caisse, en *numéraire* et valeurs *disponibles*, ou
bien soutenir que cette *modique* somme est insuffisante,
attendu l'urgence des dépenses, et la difficulté des recettes.

2o. S'ériger en Prophète de malheurs ; réfuter respectueu-
sement le discours et les promesses du Ministre à la Chambre ; inventer des *non-valeurs ;* créer des *déficit ;* déclarer
avec candeur que l'année 1819 s'ouvre sous les plus déplorables auspices, et s'étonner avec sincérité de la modération
qui n'a retranché que 26 millions aux évaluations de 1818 !
il serait bien de commander sur cet article aux Régies de
fournir quelques notes fabriquées tout exprès, en manière
de preuve ; le démenti arriverait immanquablement *dans
un an ;* mais DANS UN AN le Budget aurait été voté, perçu et
dépensé.

3°. Conclure que toute *réduction* d'impôt, et toute suppression de retenues doivent être refusées, *sous peine de voir à l'instant baisser le cours des rentes* ; placer ici quel-ques phrases usées , quelques lieux-communs sur le Crédit public : puis entreprendre de persuader aux Propriétaires qu'ils doivent s'estimer heureux d'avoir échappé à une ad-dition d'une vingtaine de centimes additionnels : termi-ner par un morceau sentimental sur la reconnaissance dont les Propriétaires doivent être pénétrés pour le Budget.

4°. Démontrer par A, plus B, que 22,413,000 au plus bas, au dernier mot, sont indispensables pour faire les négocia-tions en 1819, avec une sordide économie ; et qu'il est à craindre que les Receveurs-Généraux et les Banquiers n'y mettent du leur : saisir l'à-propos pour tancer vertement M. Corvetto d'avoir réduit en 1818, la Dette flottante de cent et tant de millions, et faire, par opposition, l'éloge de cette augmentation de 48,900,000 , si opportune, si néces-saire.

5°. Expliquer *positivement* et *naïvement* si le Ministre garde, ou s'il restitue les 1,674,500 de rentes, représentant 32 millions au Budget de 1818 , et si , dans le fait , il ne les retient pas très-réellement , en ayant l'air de les annuller.

6°. Établir la prééminence des comptes de *gestion* , et l'absurdité des comptes *d'Exercice* ; mettre hors de doute le bon ordre de la Comptabilité actuelle , la sincérité et l'exactitude des Comptes , l'harmonie de leurs diverses par-ties et leur accord avec ceux des Régies.

Recommandation essentielle. En prouvant l'impossibilité de faire aucune diminution en 1819, éviter de rien pro-mettre pour 1820, ni pour 1825 ; laisser quelques espé-rances pour 1830 ; prodiguer les promesses pour 1850.

Que l'on démontre ces six points principaux , et je fais grâce de tous les autres.

Dic quibus in terris , et eris mihi magnus Apollo.

VIRG. Ecl. III.

SUPPLÉMENT.

CHAPITRE IX.

SIX NOUVEAUX DOUTES ET QUESTIONS.

J'espérais trouver dans le Rapport de M. Roy, et dans le travail de la Commission sur les Comptes, la solution de plusieurs de mes 36 Doutes. Mes conjectures sur les erreurs existantes dans les Budgets de 1818 et antérieurs sont au contraire changées la plupart en certitudes : bien plus, j'y ai trouvé de nouveaux doutes qui m'avaient échappés : car je n'ai ni tout vu, ni tout dit.

XXXVIIe. DOUTE. Pourquoi, sur les 59 millions de crédits accordés pour le paiement des *intérets* des *cautionnemens*, reste-t-il 16,738,380 fr. à ordonnancer ?(p. 11 à 14 du Rapport.)

Je n'en sais rien ; il faudra voir : mais s'il n'y a pas là quelque dissimulation, il faudra reconnaître qu'il y a eu lenteur et négligence dans les bureaux; assez mauvaise excuse, mais la meilleure à présenter; car il ne sera pas difficile de persuader, et cela vaut encore mieux que le soupçon d'une dissimulation de 16,738,380.

XXXVIIIe. DOUTE. Pourquoi reste-t-il les sommes ci-après à ordonnancer sur les *fonds de non-valeur* ? (Rapport p. 15).

Exercice 1815 (4e. vol. pag. 236)...   2,623,000
Exercice 1816 (4e. vol. pag. 240)...   4,079,000
Exercice 1817 (4e. vol. pag. 244)...   5,608,000

Pourquoi, dans le compte (2e. vol. p. 53 et 55), n'est-il plus question des deux premières sommes? Pourquoi (p. 57) la dernière est-elle portée pour 1,838,000, au lieu de 5,608,000 ? Ces autres contradictions entre deux parties du même compte sont manifestes. La négligence et le mauvais ordre de la comptabilité seront encore les seules explications satisfaisantes.

XXXIXe. DOUTE. Comment expliquer tous les articles obscures, louches, contradictoires, signalés dans le Rapport (p. 7, 8, 9) et les calculs du Passif (p. 55).

Les 996,000 solde des Caisses de Réserve ?

Les 21,843,000. Remboursement de prêts sur dépôts de rentes ?

Les 7,403,000. Excédant de payemens pour service particuliers, etc. ?

Les 7,908,000 de Fonds en route, etc., etc. ?

On pourrait multiplier à l'infini les exemples de pareilles obscurités et contradictions dans les comptes de gestion. Mais on peut s'en passer en rétablissant les comptes et les balances d'Exercices, comme l'a fait la Commission.

Sur un seul point le Rapporteur a été induit en erreur ; mais parce qu'il a suivi les comptes des finances. Il dit (p. 55) : « Que les 14,075,000 accordés par les lois des 25 mars 1817 et 15 mai 1818 ont été employés à payer 14 millions d'Obligations déposées à la Banque ». Ces 14,075,000 f. ont été employés à payer les obligations, restant en circulation (voir 35e. Doute), il y a double emploi dans les comptes des finances ; ils sont également erronés lorsqu'ils disent que l'excédant du Passif est réduit à 66 millions : ils déduisent deux fois le crédit de 23 millions, et les paiemens faits avant ce crédit et qu'il était destiné à régulariser. L'excédant du Passif est bien suivant les trois questions, chapitre II, de 90,871,000. La seule déduction nouvelle résultant des comptes, c'est celle de la somme de 2,157,000 payée en valeurs d'arriéré ; reste donc réellement 89 millions.

Cette situation, aux yeux même de la Commission, est restée douteuse et incertaine. On ne peut qu'applaudir aux articles du projet de loi qui ordonnent la vérification de l'actif et du passif, *ab ovo*... à partir du 1er avril 1814. Après ce travail, et s'il est bien fait, on saura enfin à quoi s'en tenir.

XLe. Doute. Les contributions directes de l'année 1817 n'ont-elles pas produit 1,734,000 *de plus* que la somme portée au Budget ? (2e. vol. p. 46).

Le Rapport de M. Roy (p. 10) et l'état no. 3 , qui y est annexé, placent eet oubli de recette hors de doute. L'erreur ne peut être méconnue par le Ministère des finances ; car la preuve s'en trouve dans son propre compte de gestion (p. 24, 3e. vol.). Mais comment se fait-il qu'il avoue cette somme p. 24 du 3e. vol., et qu'il la dissimule p. 46 du 2e. vol.? Serait-ce parce que les Chambres ne votent pas sur le 3e. vol. , mais sur le second ? En tous cas, M. Roy a fort justement rectifié le Budget de 1817 , et forcé le Trésor en recettes des ces 1,734,000 fr.

C'est avec autant de justesse qu'il a forcé le Trésor en recette, et des bénéfices de négociations de 1818, 4,311,000 et des différences sur les comptes des Régies et Administrations , plus de 6,000,000. Les comptes de ces administrations sont arrêtés , signés et présentés au 1er. janvier 1818 ; on y lit plusieurs fois répété *produit* net *à porter au Budget.* M. Roy a dû porter en compte les sommes ainsi désignées ; aucune déduction ni augmentation n'a du régulièrement avoir lieu en 1818. Les dépenses restant à faire , s'il en existait , devaient être faites sur l'exercice courant , autrement elles eussent été dissimulées et soustraites au compte qui en est dû aux Chambres. Si , donc le Ministère des finances ne veut pas convenir d'un oubli de recettes de 6,000,000 , il faudra qu'il s'accuse d'une dissimulation de dépenses de pareille somme. Il est d'ailleurs si facile aux administrations de se jouer de ces imputations par exercice, qu'il ne faut jamais leur permettre de toucher à celles déjà faites. Par exemple, rien ne serait plus facile aux Administrations , si l'ordre leur en était donné , que d'atténuer les produits de 1819, en attribuant quelques millions à 1818, et en reculant quelques autres millions à 1820. J'en donnerai un exemple remarquable pour les coupes de bois (Voir le 42e. Doute.)

XLIe. Doute. Les *Patentes* ont-elles en effet produit en 1818 1,404,000 *de plus* que ne porte le Budget (Rapp. page 19.).

Les Patentes ont produit en 1817.......... 18,476,000

Il est assez extraordinaire qu'elles ne soient portées en 1818 que pour...................... 17,596,000

Surtout lorsque le Budget de 1819 les évalue à 19,000,000

Un surplus de 1,000,000 à 1,500,000 sur 1818 est donc certain.

XLIIe. Doute. A quelle année doivent appartenir les produits annuels des *Coupes de bois ?*

L'affectation du produit des Coupes de bois a varié. Jusques et compris 1813, les ventes faites en octobre, novembre et décembre 1813, par exemple, étaient portées en recette sur 1813. Depuis 1814, les ventes faites et payées en 1814, n'ont plus été portées en recette qu'en 1815. Ainsi les ventes qui seront faites et payées en 1819, ne seront portées en recette qu'en 1820 ; c'est ce qui fait qu'il y avait en caisse, au 31 décembre 1818, 10,513,000 francs en traites pour coupes de bois appartenant à 1819, et qui n'étaient pas encore portées en recette, ainsi que 3 ou 4,000,000 en numéraire , provenant des mêmes produits. (v. 21 Doute.)

Or voici pourquoi et comment ce changement d'imputation d'exercice eut lieu.

En 1814, il fallait *atténuer les recettes ;* un moyen fort simple était de les reculer ; on recula donc d'une année l'imputation des produits des Coupes de bois ; depuis lors ce retard a été maintenu, non pas dans les recouvremens, mais dans l'imputation. Le trésor recevra en 1819 et ne comptera qu'en 1820 15 à 20,000,000 qui lui procureront une augmentation de ressources et de large au-delà du Budget.

Le Budget de 1814 (p. 12), dit : « Que ce produit était
» anticipé d'une année, et que les sommes *recouvrables* en
» 1814, étaient censées appartenir à 1813. » Il fallait dis_
tinguer : le dixième en numéraire payable comptant sur les
bois de l'Etat et sur ceux des Communes, est recouvré à
l'instant; les deux tiers du prix principal sont aussi payés à
l'instant, mais en *traites*. Il en est de même des droits de
douane, de sels, des droits réunis ; néanmoins les traites remises en paiement sont portées en recette au moment où
elles sont admises et non aux dates de leurs échéances. Il
semble donc que les principes et les usages qui régissent les
recettes, prescrivent de porter le produit des coupes de
bois, en recette dans l'année pendant laquelle elles sont
adjugées et payées en numéraire, ou en traites. J'ai déjà
dit qu'il en fut constamment ainsi jusqu'à 1813 ; l'imputation n'a été reculée que par le Budget de 1814 : on sait par
quels motifs.

Si le Budget de 1819 était ramené aux anciennes habitudes, les recettes seraient augmentées du prix des Coupes de
bois, qui seront adjugées et payées pendant le dernier trimestre de 1819. Les recettes seraient ainsi augmentées d'une
nouvelle sommes de 15 à 20,000,000, et cette augmentation rendrait encore plus facile la réduction de 50,000,000
sur l'impôt foncier.

En terminant ce supplément j'exprimerai de nouveau
le regret qu'il n'ait pas été répondu à un seul de mes Doutes
et Questions, qui ont déjà trois semaines de date. Si je me
fusse trompé, il eut été si court, si facile de me donner,
dès le lendemain, un démenti dans un journal ! Je crains
que cette réponse ne soit tellement différée, que le tems ne
me manque pour la réplique, et que l'attention ne soit alors
distraite ou épuisée par les débats des Comptes et des Budgets à la Chambre.

FIN.

TABLE.

SUPPLÉMENT.

FIN DE LA TABLE.

www.ingramcontent.com/pod-product-compliance
Ingram Content Group UK Ltd.
Pitfield, Milton Keynes, MK11 3LW, UK
UKHW021530090726
13657UKWH00001B/499